2012年の黙示録

ついに解読された終末予言

なわ・ふみひと

Nawa Fumihito

たま出版

《この本がお伝えしていること》

この本で述べていることは、今日の一般的な常識からすれば荒唐無稽なことと思われるかもしれません。「ばかばかしい」と思われる方は、まだこのような情報に触れる時期が来ていない方だと思いますが、読み物として読んでいただいても決して損はならないと思います。

①現代の物質文明は間もなく終わりを迎え、地球と人類は次元アップを行なうことになる。その期限は二〇一二年一二月二二日となるらしい。別な表現をすれば、この度の地球の次元アップというのは、ホモサピエンスが地球学校を卒業することを意味している。

②現代文明の終焉は人類社会が過ちを犯したから（神から罰を受ける）というわけではなく、宇宙の周期としてそのように定められているためである。

③しかしながら、「終わり」に至るまでは、聖書などの預言にもあるような「終末現象」（地震や洪水などの天災、および戦争や内乱・テロなどの人災）の様相を呈することになる。

④私たち人類は「終末現象」を恐怖で迎えることがあってはならない。それは素晴らしい世界に移行するための「産みの苦しみ」だからである。

⑤ただし、全ての人間が地球と一緒に次元アップするわけではなく、新しく生まれ変わる地球の次元に波長が合わない人間は、終末現象のなかで取り残されることになるらしい。（取り残された人間も、大天変地異によって肉体の死は避けられないと思われる）

⑥地球の生まれ変わり（次元アップ）に大きな影響を及ぼすのが人類の集合意識らしい。人類が終末現象を見て恐怖心に覆われていると地球の波長が乱れるので、ますます大きな「産みの苦しみ」を経験することになるようだ。

⑦やっかいなことに、地球の次元アップを阻止しようとする勢力がこの地上に存在していて、それは今日《こんにち》の世界の政治や経済を陰から操作しているらしい。しかも、その陰の勢力の頂点には別次元の存在（宇宙人的存在）が君臨しているという。

⑧世界のひな型といわれる日本と日本人は、終末において特別の意味と役割を持っている。私たちの心の持ち方次第で、世界の終末現象の内容が左右されることになるという。（だが、「日本

人は今日食べるものにも不自由するような事態を経験する」という予言もある）

⑨これまで輪廻転生《りんねてんせい》（生まれ変わり）を繰り返し、そのことを通じて生き方を学んできた現人類は、ここで卒業組と落第組に分けられ、卒業組のみが次元アップした新しい地球の上で暮らすことになるようだ。しかも、新しい世界は神次元の存在（イエスなど？）と一緒に暮らすことになるという。（聖書や日月神示《ひつきしんじ》にその記述がある）

⑩次元アップできなかった人間（魂）はどうなるのか、ということについてはまだ確信が持てない。魂が波長の粗《あら》い別の惑星に移り、そこで再び学習を続けるという説もある。

⑪どのような人間（魂）が次元アップするのかということについては、聖書や我が国の神道系の神さまからの預言に述べられている。言葉と食べ物、想念（心の持ち方）などが重要な要素を占めるといわれている。

⑫新約聖書に、イエスが死後復活（アセンション）したという記述があるが、これが次元アップを意味している。仏教の「即身成仏《そくしんじょうぶつ》」も同じことを言っていると思われる。つまり、肉体の波動を繊細にして、そのまま霊界次元に入っていくということだ。そのためには、この物質世界

で身につけた欲望（物欲、色欲、名誉欲など）から心を解き放つことが必要になる。

以上の内容に疑問を持たれる方は、この後の本文の深みにはまってみてください。必ず納得いただける記述に出合っていただけることと思います。

本書は精神世界や予言・預言の本をあまり読んだことのない方にも楽しんでもらえるよう、基本的なところからわかりやすく書いていますが、すでにそういった本を何冊も読まれていて、基本的なことはわかっているという読者には、特に《預言編》をお勧めしたいと思います。さまざまな予言・預言を並べていき、著者が丁寧に解読してみせるその部分こそは、本書のなかで最もすぐれているところではないかと思うからです。

あなたが本書を通じて、新しい時代に必要な「気づき」を得てくださることを願っています。

〔目　次〕

《覚醒編》終末現象のなかで私たちは試されるのです……………………77

人類のカルマの清算日が近づいている／進化のための「産みの苦しみ」の時代が始まる／自分の心のなかが相手に筒抜けになる／これからお金が力を失っていく／家屋敷が没収される時代の到来か？／心の備えのない人は厳しい試練に直面する／カタストロフィーの引き金となるのは何か／隠された事実が明るみに出される時代／カタストロフィーは人類の気づきのために準備される／私たちは極限的状況のなかで何かに気づかされる／終末現象のなかで人は試される／極限的状況のときに、人は仮面の下の顔を見せる／肉体生命が助かるということではない／宗教団体に入ると救われるのか／予防注射の意味を知っていると痛みに耐えられる／あなたはどのような死に方をするのか／人よりも一歩早く、自分で足を踏み出すこと／一四万四〇〇〇人の真人が人類を導く／ＵＦＯの救いを期待する気持ちは間違い／終末はユダヤが破壊役、日本が建設役／サタンの最後の標的は日本／日本はなぜ狙われるのか／「日本は闇の世界政府に支配されている」という意味／私たちの意識は地球とつながっている／終末においてサタンにはどのような役割があるのか／終末を彩る二つのシナリオが進行している／サタンは人類に気づきを与えるために悪役を演じている／サタンは人間を使って終末を演出する／月や火星にも人は住むことができる

預言（予言）にみる終末についての記述／神の国の到来を預言する言葉／終末には光の尾を引いた星が現れる／大患難のフィナーレは「暗黒の三日間」／世の終わりには、どんな前兆があるのか／イエスは新しい時代が始まるまで登場しない／日月神示が教える終末の生き方／味方同士が殺し合うこともある／肉体があるうちに改心しておくことが大切／善いと思うことをすぐ行なうのがミタマ磨き／神示を読めば心のホコリがとれる／「金で世を潰して、ミロクの世と致す」／獣となる人は同胞を食べることもある／人に知られぬように善いことを積め／人は死ぬ時の想念のままの世界に住む／一度死ななければ生き返れない／幽界に行く人は二度と帰ってこられない／住む家も、着るものも、食べる物もなくなる／子が天国で親が地獄ということもある？／改心しない人には地獄への道が明るく見える／人間は何を食べるべきか／神と人間が一体となって次元アップする／一日に一〇万人が死ぬようになる／東京はどうしても火の海になる？／人は四つん這いになって這い回る／終末における日本の国の役割／二〇一二年からミロクの世がスタートする／終末現象のなかで必ず起こる二つのシナリオ／救世主が雲の上に引き上げて助けてくれる？／肉体のまま霊界に行くことができる／国民が背番号で管理されるようになる？／世界の警察アメリカが、まず管理国家となりつつある／「神の国」とはどういう世界なのか／二〇〇三年から正念場を迎えている

《火宅編》現代社会の行き詰まり現象を直視しましょう

地球はいま病める星になってしまった

現在の資本主義社会においては、お金のある国、お金のある人は物質的に満たされ、少なくとも食べ物に不自由することはありません。逆にお金のない国、お金のない人は、毎日の食べ物を確実に手に入れることができないために餓死したり、栄養失調に陥っておびただしい数の人々が死線をさまよっているのです。ユニセフや赤十字などによって一時的に救われる人の数は、飢餓に直面している人たちのごく一部にしか過ぎません。

お金のない国は治安が乱れ、国のまとまりがとれないために、ますますお金を手に入れる力を失ってしまいます。てっとり早くお金を手に入れる手段としては、その国にある天然資源を売ることです。しかし、石油やウランなどの天然資源が豊富に埋蔵された国は大国からねらわれ、混乱させられて、結局はアフガニスタンやイラクのように貧しい国にされてしまいます。

そのような地下資源のない国は、土地を提供するか、森林資源を切り売りして当座のお金を手に入れ、食糧をはじめとする必要物資を手に入れています。しかしながら、そのことによって地球の環境破壊が進み、気象にも異変が生じて、大洪水や大地震が頻発するようになりました。

まさに、地球はいま病める星になってしまったのです。その病気の原因をつくり出した人類には、この地球を元気な星に戻す責任はありますが、そうした能力は備わっていません。ごく限られた、選ばれた人間だけが、世界中の地下に密かにつくられている都市に移住して、これから始まる本格的な地球の異変から身を守ろうとしています。

ゲームに興じる〝豊かな国〟の国民

食べることに不自由をしない国の人々は、毎日ゲームを楽しんで、仕事の疲れを癒しています。ゲームとは、例えばテレビを通して運ばれてくるスポーツニュースのことです。オリンピックやサッカーのワールドカップ、あるいは我が国であればプロ野球などのスポーツは、人類が大変な危機に直面していることなど気にしないように、人の心を幻惑しているのです。少なくとも、世界にはこの時点で食べ物が手に入らずに餓死していく子供たちがたくさんいること、またそのような幼い命に母乳さえも与えることができずに心を痛めている母親がたくさんいることなど、考えなくてもいいように仕向けてくれるのです。

はたして豊かな国の住民には関係のないことでしょうか。いや、豊かなはずの我が国においても、最近はホームレスといわれる人の数が増えており、また生活に行きづまって自殺する人の数も増え続けています。

日本には「明日は我が身」という戒めの言葉がありますが、日本人はこれから先も食糧に不自由する事態に直面する心配はないでしょうか。食べ物への感謝の気持ちを忘れ、飽食に慣らされた国民は、またいつか涙を流しながら食べ物を口に入れる事態を経験することになるような気がします。その引き金となるのは、近い将来に我が国を襲うと思われる天災と、それと連動してスタートする経済の混乱であろうと思われます。そしてその混乱は世界に波及し、一大パニックとなることでしょう。そのことは、我が国の予言書のなかにもしっかりと述べられているのです。

世界の人口は一〇億人が限度？

現代の人類社会にはすでに寿命が来ています。今のまま進めば、つまり世界の国々がこれまでのように経済の成長を目指し、資源の消費を続けていけば、あと一〇年もしないうちに大きなパニックを経験することになるでしょう。

そのような事態はもはや避けることができないと思いますが、パニックの内容は国によって、また人によっていろいろなパターンが考えられます。しかし、基本的には食糧をはじめとする生活物資をめぐっての国と国、人と人との争いということになりますから、経済戦争を皮切りに、いずれは血を流す戦争に発展する可能性も高いと思われます。その戦争を避けるために国連などの国際機関がうまく機能するでしょうか。機能させるには、各国のエゴを調整するだけの強力な力が必要となります。

世界を陰で動かしているといわれているイルミナティやフリーメーソン、三〇〇人委員会などに操られた大国でつくる組織が、人類をコンピューターで個人ごとに管理し、食糧などの分配をコントロールすることになれば、悲惨な戦争は避けられるかもしれません。

しかし、その選択肢といえども、世界六三億の人間を全て救済することは不可能です。すでになんらかのシミュレーションはされていると思いますが、伝え聞くところによりますと、少なくとも現人類の半分以上は余剰人員で、理想としては一〇億人程度を残して、他の人間は死んでもらうほうが地球にとってもいいと考えられているようです。

食糧の供給がコントロールされることになれば、それを支給する側が生殺与奪《せいさつよだつ》の権利を握るわけですから、人口の調整も簡単にできることでしょう。現在でも、「経済力」というパワーが自動的に人口調整を行なっているのです。全てがニュースになっているわけではありませんが、世界で毎日膨大な数の餓死者、あるいは飢餓からくる病気で亡くなる人が出ているのは事実です。

幸い、我が国はこれまで世界でもトップレベルの経済成長を遂げたおかげで、世界中から食糧を輸入し、食卓に並べることができています。歓楽街から毎日出される残飯の量は、世界の貧しい国々で飢餓に苦しむ人たちを十分に救えるだけのカロリー量だといわれています。

しかし、この国も間違いなく食糧不足に苦しむ事態を迎えるでしょう。食糧自給率の恐ろしいまでの低さがそれを予感させてくれます。

地球の異変はまだ続くのか

いま地球がおかしくなっています。世界中で、大地震や大洪水、竜巻、干ばつなどの被害が続出しているのです。温暖化現象だとか、エルニーニョ現象だとか、いろいろ説明されていますが、どうやらこれも眉唾《まゆつば》もののようです。地球が熱くなっているのは確かなようですが、それは二酸化炭素のせいではなく、フォトン・ベルトのせいであるといわれ始めています。どちらが真実かは断定できませんが、いずれにしても、この地球の異変は今後ますます強まると見られています。

今は人類を乗せた「文明社会」という飛行機が、「明るい未来」という目的地の飛行場に着陸できないことがわかって、旋回している状態です。このままでは、いずれ不時着するしかありません。そうなれば、当然、飛行機は炎上し、多数の犠牲者を出すことになるでしょう。そのとき、乗組員である私たちはどうなるのでしょうか。限られた食糧を奪い合う阿鼻叫喚《あびきょうかん》の修羅場を経験させられるのでしょうか。

人類はいま「火宅の人」の状態にいる

かつてない頻度で発生する天変地異など地球の異変、国民の幸せを考えなくなった各国の政治体制、頻発する紛争やテロ、食糧やエネルギー資源をめぐる争い、マネーゲーム化した世界経済、地球レベルで悪化する一方の環境問題、……などなど、どこから見てもこれから先の人類の未来に希望の世界が描けないばかりか、かなり早い時点で連鎖的なカタストロフィー（破局）が訪れそうな情勢です。

しかし、世界はそのような深刻な状況から目をそらせて、オリンピックやサッカーのワールドカップなどの刹那《せつな》的なスポーツゲームに興じています。まさに、「銃口に首を突っ込んで、世界が笑っている」状態なのです。私は今日の危機の本質はここにあると思っています。楽観的すぎるというよりも、直面している問題の深刻さを人々が認識していないということです。

特に、世界トップレベルの物質的な繁栄を極めた我が国においてこの傾向は著しいといえます。まるで法華経のなかに出てくる「火宅の人」の趣があります。周りが火の海になりつつあるというのに、未だに古い価値観にしがみつき、広がる火の手を消す意欲もない……というより、なぜ火が燃え広がっているのか、その原因がわからないから、消し方もわからないのです。

せめて自分だけでも火傷《やけど》をしないようにと、首をすくめ、身をかがめるのが精いっぱいという感じです。そのうち誰かが火を消してくれるだろう、それまではひたすら辛抱するしかない、という考えかもしれません。しかし、すでに火の近くにいる人から次々と犠牲者が出始めているのです。

私の結論から先に言っておきましょう。この火はひとりでに消えることはありません。これから火勢はますます強くなっていくでしょう。この火から身を守るためには、私たち一人ひとりが〝ある大切なこと〟に気づく必要があります。そして、火を消そうとするよりも、一刻も早くこの燃え尽きようとしている家から、自分の足で外に出ていかなくてはならないのです。火は私たちにそれを促しているのです。

地球は自らの病を癒している

近年、多発するようになった地震や洪水など地球の異常気象も、宇宙的視点から見れば、地球が病気を癒し、輝ける星になるためのプロセスということができます。人間の病気と同じで、体内にある病気の原因を退治するために症状が出ているのです。それは、人類に何かを気づかせようとする働きとも言えます。

今日、人類を混迷の縁《ふち》に追いつめている経済面と地球環境面の変化は、全て人間の心(集合意識)の反映です。これからも、天災、人災(戦争、内乱、テロ、大事故)、未知の病、など、地球が健康体に生まれ変わるために必要な出来事が次々に起こってくることでしょう。一見悲惨な姿に見えますが、それらは全て宇宙の秩序のなかで進行していくドラマなのです。別の言葉で言えば、「地球と人類の進化のために必要なステップ(しかも、最終ステップ)」ということになります。

地球が悲惨な姿を呈しつつあることで、この宇宙を秩序正しく運行しているスーパーパワー(＝創造主、絶対神)が、こと地球に関してだけは失敗をした、などと考えることは人類の浅知恵、または傲慢さの表れです。人類の進化のために必要なことが、最も効果的に仕組まれていると考えるべきでしょう。

これから地球と人類の次元アップが始まる

これから現人類は物質第一主義と科学万能主義を反省させられることになります。現代の経済学と科学は人間の慢心(または無知)がつくり出したバベルの塔であり、その象徴となっています。しかし、これも大局的に見れば、物質的繁栄を追求したことが間違いだったということではなく、進化のために必要な教材であったということです。いま、ある意味では地球が悲鳴を上げ、人間本位社会の歪みが吹き出しています。

しかし、これは病気の症状と同じです。人類の意識がつくり出した地球の病気が全快するために、経過しなくてはならないステップなのです。全快した地球は、よたよたした哀れな姿ではなく、光り輝く健康体となります。その地球に住むことのできる人間も、新しい意識に次元アップした新人類です。

まもなく地球と人類、そしてこの地球上の全ての生き物、物質が丸ごと次元アップします。今はそのための産みの苦しみをしていると思ってよいでしょう。まず、経済のカタストロフィーに始まり、戦争、病気、食糧難、天変地異など、人類はこれからさまざまな「産みの苦しみ現象」を実体験することになります。しかし、苦しみの程度は人の心の状態によって違ってきます。エゴの強い人、気づきの少ない人ほど、大きな苦しみを味わうことになるでしょう。各予言の示すところによると、その苦しみは「先に死んだ人をうらやましく思うほど」であるといいます。

今回のカタストロフィーは現人類の卒業式

人類はこれまでにも何回かカタストロフィー現象を経験してきたといわれています。にわかには信じがたいかもしれませんが、ノアの方舟の話や、アトランティス大陸あるいはムー大陸など、かつて存在したといわれている文明が崩壊した形跡は地球上に残っているのです。しかし、その都度人類は生き残り、また新しい文明をつくってきたということです。

『神々の指紋』で一躍有名になったグラハム・ハンコック氏によりますと、その種の話は神話として世界中に遺されているようです。そのなかで、アメリカ・アリゾナのホピ族に遺された神話は次のように大変すっきりと表現されています。

最初の世界は人類の過ちのため、天と地下からの火ですべてが燃やされ破壊された。第二の世界の場合は、地球の軸がひっくり返り、すべてが氷で覆われた。第三の世界は世界的な洪水で終わった。現在は第四の世界だ。この時代の運命は、人々が創造主の計画に沿う行動をとるかどうかで決まる。

（『神々の指紋』グラハム・ハンコック著／翔泳社より）

この世界が崩壊するということで、世界中の神話は一致しているのです。しかしながら、今回人類が直面するカタストロフィーはこれまでのものとは意味が違っているといわれています。これまでのものは、学校に例えるといわば〝進級式〟でした。ところが今回は〝卒業式〟だというのです。今回の地球の次元アップにあたって「卒業証書」を手にできなかった者は、新しくなった地球に住むことはできず、死後の世界（幽界）に釘付けになるか、またはレベルの低い別の惑星に移されて、未開の状態から勉強し直すことになるという予言もあります。

アメリカ社会の肉食文化が地球を滅ぼす

日本の社会は戦後完璧に西欧化、とりわけアメリカナイズされてきました。アメリカナイズとは、人間を家畜化することです。

アメリカ社会の特徴といえば、大量消費(使い捨て)、スポーツ(競争心を煽《あお》り、強いもの勝ち)、成功物語(お金万能、一獲千金の夢、お金持ちが偉いという思想)です。弱肉強食で、法に触れなければ手段を選ばないというのがアメリカンドリームをつくり上げる要素なのです。世界一豊かな国といわれながら、貧富の差が激しく、都市部におけるホームレスの数が最も多い国でもあります。麻薬愛用者も多く、また銃による凶悪犯罪も後を絶ちません。

アメリカの畜産業の現状はどうでしょうか。『脱牛肉文明への挑戦』(ダイヤモンド社)という本のなかで著者のジェレミー・リフキンは、肉食文化がアメリカを病人の国、犯罪者の国、畜生の国にしたと厳しく指摘しています。日本が今猛然とその後を追随しているのです。

リフキンによりますと、現在この地球上にはおよそ一二億八〇〇〇頭のウシがいて、それらのウシが世界の陸地面積の約二四パーセントで草を食《は》み、何億人もの人間を養えるほどの穀物を食べているのです。

ウシの飼育は熱帯雨林の破壊の原因となって、地球の生態系を狂わせています。中南米では、ウシの牧場をつくるために広大な面積の原生林が切り開かれています。また、飼育場からあふれ出るウシの排泄物は、主要な温暖化ガスの一つであるメタンの発生源になっています。

今日、世界の穀物総収穫量の約三分の一はウシその他の家畜の飼料に使われており、その一方で、一〇億人もの人々が慢性的な飢えと栄養不良に苦しんでいるのです。逆に、先進国では、多くの人が穀物で飼育された家畜の肉の食べすぎによる病気が原因で死亡しています。世界中に広がった牛肉食の習慣は、このように環境、経済、人間に途方もない弊害をもたらして、地球とその住人の将来の幸福に対する最大の脅威の一つになっているのです。

最近『肉食が地球を滅ぼす』（中村三郎・著／双葉社）という本が出ましたが、この本にも、肉食が地球環境破壊と食糧危機を助長している実態が詳しく書かれています。

もちろん、いま人類が肉食をやめたからすぐに地球が救われるというわけではありません。この地球の破壊に手を貸している主犯格のものはまだ他にもいろいろあるのです。

結局のところ、この便利な文明社会そのものが地球破壊の真犯人ということができます。今日の石油に依存した生活そのものが地球の環境汚染を推進しているわけですから、その文明の恩恵を受けている立場からは、安易な犯人探しはできないような気がします。

ただ、私たちの今の暮らし方が地球に多大な負担を負わせ、その命を縮めることに手を貸しているという自覚だけは持っておく必要があると思います。

日本の崩壊も止められない段階に

日本の崩壊もすでに始まっています。西欧を見習った民主主義の定着と、特に戦後の占領軍による教育改革によって、家庭では、権威（中心）が男性（年長者）から女性（子供）へと移り、子供は過保護によって堕落し、非人間化しました。教育の場では、権利主義教育を受けた世代が教育者となり、まともに指導ができない教師が増えてきて、子供の退化現象がますます進んでいます。今後、生徒の非行化はさらに加速されることでしょう。

誤った教育の結果生まれたものは、全体利益を省みない社会風潮です。戦後の貧しさからの脱却という事情があったにせよ、物質的に豊かになることが社会的な成功の姿として尊重されるようになり、モノを手に入れる手段としてのお金が最大の価値ある存在となりました。

お金を稼ぐことが働く目的と化した社会風潮によって、経済は発展し、物質的に豊かな国という意味では世界でもトップレベルになりましたが、そのことで社会全体がお金に牛耳られる構造になってしまいました。

挙げ句の果ては、働いてお金を稼ぐより、株や土地、ゴルフの会員権などに投資して、手っ取り早くお金を増やすことにうつつを抜かす国民になってしまったのです。

バブルの崩壊で普通の人は目を覚ましたかのように見えますが、その反動として将来に備えてひたすら貯金をするなど、まだまだお金に心を支配された状態が続いています。最近多発する凶悪犯罪も、ほとんどがお金を目当てになされるものばかりです。保険金殺人や、スーパーなどの金庫を丸ごと盗むような犯罪などは、過去には想像もできないものでした。高校生や中学生が小遣いほしさに売春し、それを受けて〝買春《かいしゅん》〟する大人が後を絶たない社会となっています。

このように、日本人の持っていた素晴らしいものが全て破壊されつつあります。民主主義の悪《あく》弊《へい》が噴出し、一口に言えば、現代の日本社会には「自分さえよければいい」と考える人種が氾濫《はんらん》しているのです。

国や社会といった全体の利益よりも、まず個人の利益を最優先する社会。その社会の崩壊にだれも責任をとらない社会。まさに、銃口に首を突っ込んで笑っている姿です。欧米のライフスタイルを真似ることによって、日本人の持つ素晴らしさを全て失いつつあります。早く目を覚まさなくては……。でも、もうこの流れを止めるのは無理かもしれません。

黙示録の時代がやってきた

新約聖書の最後に登場する「ヨハネの黙示録《もくしろく》」のことを一般的に「黙示録」と呼んでいます。これは紀元96年頃、パトモス島のヨハネによって書かれたとされています。「黙示録」は恐怖に満ちた内容であるため、長いあいだ異端の書として扱われてきました。ローマ・カトリック教会が正典として認めたのは2世紀中頃とのことですが、それ以後も「偽預言書」といわれ、なかなか完全には受け入れられなかったようです。現在でも、教会で朗読されることはめったにないといわれています。

もともと聖書全体が預言の書であるという見方もあります。それもこの世の終わりを告げる終末の予言書といわれているのです。しかしながら、黙示録ほどリアルに終末の模様を伝えている預言は他にはありません。

さて、ここで言いたいのは、その黙示録の預言の内容と現代社会の様相が大変似通っているということです。つまり、私たちはいよいよ黙示録に書かれている「終末の時代」を迎えているのではないかということです。

現代の人類社会が破局に向かっていると見られる徴候は至るところにあります。深刻な地球環境問題や最近の異常気象、世界各地で頻発する地震や洪水などの天災、さらにはテロや戦乱が、この人類社会の破局を予感させます。

今日の政治の混乱や経済の停滞、人心の荒廃などを目の当たりにしますと、このままの延長線上に希望溢れる未来を夢見ることが難しい社会情勢であることにはあなたも異論はないと思います。まさに聖書に書かれている黙示録の時代の到来と言えます。

このような状況のなかで、世の終わりを予言する情報に触れた現代の人たちはどのような態度をとるでしょうか。

予言ブームにピリオドを打たせたノストラダムスの予言

まず、予言を鼻で笑う人が大半でしょう。どうせ当たらないと思っているからです。この点では、一時世間を騒がせた五島勉氏の『ノストラダムスの大予言』の解釈が見事にはずれてしまったことが大きいと思います。一九九九年に世界は大変な危機的状況を迎えるかのような印象を与える内容であったのに、その年が何事もなく過ぎてしまったことで、予言ブームにもピリオドが打たれてしまった感があります。

一九九九年、七の月
恐怖の大王が空から降ってくる
アンゴルモアの大王を甦らせるために
その前後の期間、マルスは幸せの名のもとに支配する

（『ノストラダムスの大予言』より。以下ノストラダムスの文章は全て）

しかしながら、難解な四行詩の形で表されたノストラダムスの予言は、今も謎が多く、別な角度から研究を続けている人もいます。そもそも数多くある詩のなかで「一九九九」という数字だけが詩文のなかにハッキリと表示されているのも、おかしいと言えばおかしいのです。一九九九年が過ぎた今となっても、その意味するところが何であったのかは誰もわからないというのが実状です。なによりも「アンゴルモア」や「マルス」の意味するところが何であるかということについても、さまざまな解釈がなされていますが、どれも納得のいく内容ではありません。

危機を煽るだけの予言は意味がない

ノストラダムスの予言は主として日本で話題になったもので、西欧社会では聖書の預言のほうが

信じられているといわれています。いま現実味を帯びてきた「ヨハネの黙示録」についても、西洋社会では受け入れられているとのことですが、聖書を宗教の書物と見る日本人はあまり関心を示さないと思われます。

終末予言に対しての日本人の反応は、それを無条件に信じて超悲観的になるか、全く関心を示さないか、また信じようとしないかのどれかに分けられるような気がします。後者は「世の中は問題を抱えながらも、これまでどうにかやってこられたではないか」というのが基本的な姿勢でしょう。「今後も、科学の発達などで、問題は解決できる」と思っているか、または思いたい人が多いに違いありません。あるいは「信じてもどうしようもないのだから」というあきらめの境地の人もいるでしょう。

いずれにせよ、これだけ地球の破局についての予言が出されていても、真に受けている人は少ないように思います。しかしながら、異常気象や天変地異の多発現象を見て、漠然と不安な気持ちに駆られている人は多いでしょう。今のままで明るい未来がくると思っている人は少ないはずです。でも、ではどうすればいいのか、ということについては、考えたくないか、考えが及ばないかのどちらかではないでしょうか。あなたはいかがですか？

確かに、世の予言者ならびに予言の解説者も、危機を煽《あお》るだけで有効な対策を示せていません。ただ「今の生き方が間違いであるから、悔い改めよ」「愛と奉仕に生きよ」と抽象的なことを説教して終わっているのが実状です。

言われている内容はもっともであるにしても、目の前の課題を抱えて右往左往している人にとっては、現実的な忠告とは受け止められないというのが正直なところではないでしょうか。例えば、戦火の下で暮らしている人たちに、「愛と奉仕に生きなさい」と言っても通じないでしょう。「その前に、今日の食べ物をください」「まず、この戦争をやめさせてください」と言われるに違いありません。

もう地球と人間社会の崩壊を止めることはできない

予言の副作用として、人々の恐怖心を煽るという点は問題があります。かつての「ノストラダムス現象」です。当時はこの地球が滅亡すると誤解され、結婚しても子供はつくらないという若いカップルもいたといいます。しかし、恐れられたノストラダムスの予言は、少なくとも解説された内容では当たっていません。ただ恐怖を煽っただけに終わり、逆に予言に対する関心を奪ってしまうことになりました。

それでも、予言を信じる信じないにかかわらず、この世の終末は必ずくると思われます。もちろん、それは地球の滅亡という意味ではありません。天変地異を含む大破壊現象を経て、その先に「神の国」や「ミロクの世」と呼ばれる新しい時代が明けると多くの予言は述べているのです。

人類の手によって破壊され続けている現在の地球と、その壊れつつある地球環境の上に築かれた人間社会の崩壊を止めることは、もうできそうにありません。というより、止めなくてもいいのかもしれないという考え方もできます。立て替え、立て直しをするわけですから……。その破壊役はユダヤ（ユダヤ的思想、選民意識）、建設役は日本（神ながらの思想）という予言もあります。

予言にはどんな役割があるのか

人類にとって予言は必要なのでしょうか。必要だとすれば、それぞれの予言にはどのような役割があるのでしょうか。全能の神様が人間に与えたもの（神から預かった言葉）であるかぎり、必ず役割があるはずです。信じない人にとっては無意味なことかもしれませんが、時期がくればいずれわかることです。そのときに後悔しても手遅れでしょう。だからこそあらかじめ与えられているのです。しかし、信じてもどう対応していいのかわからないのでは意味がありません。

予言は、人が信じることを前提に顕《あらわ》されたものであるはずですから、信じた人が何をすればいいのかも、自ずと明らかにされていなくてはおかしいのです。聖書や日月神示はそれを示している数少ない予言と言えます。聖母マリアの予言はひたすら「悔い改めよ」と言っています。何を悔い改めなければならないのでしょうか。人工妊娠中絶をやめるようにとのメッセージを寄せる聖母もいますが……。

いずれにせよ、これだけの情報化社会にならなかったら、予言はごく一部の人の目にしか触れなかったでしょう。予言を信じるか否かは別にして、この時代の日本に生まれたことに感謝しなくてはいけない気がします。

聖書によりますと、ノアは衆生《しゅじょう》に「神の裁きがあるので準備せよ」と言ったそうですが、誰も耳を傾けなかったといいます。その結果、多くの人が洪水で命を失いました。今回も人類は同じような間違いを犯すことになるのでしょうか。

いま時間がスピードアップしている

私たちはいま、時間の川を舟（地球）に乗って下っています。「地球の次元アップ」という滝が近づきつつあります。滝に近づくにつれ、流れが速くなっていくように、いま時間の流れがますます速くなっているように感じませんか?

アメリカのテレス・マッケンナという科学者によると、現実に時間は短縮されているらしく、計算すると現在は1日が16時間ぐらいしかないそうです。そして二〇一二年一二月二二日には、時間がゼロ・ポイントを迎えるといいます。

マッケンナのタイムウェーブ・ゼロ理論の特徴は、「人類の歴史を振り返ると、同じような現象が何回も繰り返し現れてきているが、その時間的な間隔はどんどん短くなっている」ということです。

これと同じことを『ホワイト・ホール・イン・タイム』（地湧社）のピーター・ラッセルも言っていて、「生活の加速化現象」と表現しています。

私たちの生活のペースがどんどん速くなっているのは、ほとんどの人が気づいていると思います。

通信の手段にしても、直接会ってコミュニケーションをはかる時代から、手紙、電報、電話、インターネット……とどんどん高速化してきました。これは生活のその他の分野においても言えることです。その結果、私たちが処理しなければならない情報の量は増えていく一方です。

私たちが見ている時計は1日24時間で計時されていますので何も変わっていないように見えるのですが、同じ時間に起こる出来事が加速度的に増えていることをみますと、確かに実際の時間のスピードは速くなっているような気がします。

ピーター・ラッセルによると、この時間の加速化は人類の進化に伴うもので、ある一定のパターンを持っているというのです。そのパターンとは、「時間はらせん状に進んでいる」ということで、そのらせんの輪がどんどん小さくなる形で、時間のスピードが速くなっているということです。

確かに私たちの周辺でも、「最近、時間の経つのが速い」とつぶやく人が多くなっています。そのことがどんな現象を引き起こすのかについて納得のいく説明はされていませんが、私は人間の脳の働きが速くなっていくのではないかと見ています。

いま、普通の人の脳は本来持っている機能の三パーセント程度しか使われていないそうです。天才といわれる人でも一〇パーセントに満たないとか。しかも、残りの部分は機能しないように封印されているともいわれます。もし、何かのきっかけでその脳が二〇パーセント～三〇パーセントと活性化されれば、人間はとてつもない超能力を発揮することになるでしょう。この三次元の物質界と重なり合って存在しているといわれる異次元の世界を見たり、訪れたりすることも可能になるのかもしれません。

最近、「速読」だとか「速聴」によって脳の活性化をはかるというCD等が売り出されていますが、これらも時間のスピードアップと関係があると思われます。人間の脳の封印が解かれ、超能力者が次々に現れてくる時代を迎えているような気がするのです。このように、時間のスピードアップと人間の進化には深い関係があると思うのです。

聖母預言はサタン系列からのメッセージ?

聖母は世界各地に現れて、人類社会の危機を告げています。最も有名なのはファティマの預言でしょう。一九一七年、ポルトガルのファティマという小さな村に住む三人の幼い少女の前に聖母マリアが六回にわたって出現し、最後は一〇万人の大観衆の前でいろいろな奇跡現象を見せて、当時のヨーロッパ全土に一大センセーションを巻き起こしたといわれます。その際に聖母から「人類の未来にかかわる三つのメッセージ」が託されました。これが「ファティマ預言」です。

第一と第二のメッセージは、一九四二年にバチカンから発表されました。それは第一次世界大戦の終結と第二次世界大戦の勃発に関するもので、いずれも細部にいたるまでピタリと的中していたといわれます。第三のメッセージだけは、聖母マリアから一九六〇年まで公表するなといわれていたのです。

おかしなことに、そのメッセージは一九六〇年になっても発表されませんでした。それを読んだ法王パウロ六世が、内容の重大さにショックを受けて卒倒し、発表を差し止めてしまったからだといわれています。この第三のメッセージは秘密文書として、バチカン宮殿の奥深くに、今も厳重に秘匿されているといわれています。

最近、ヨーロッパで旅客機をハイジャックした犯人が、乗客を人質にして「ファティマの第三のメッセージを公表せよ」とバチカンに要求した事件がありました。ヨーロッパの人にとってはそれほど関心の高い出来事なのです。

私は、このファティマの預言をはじめとして、聖母預言については大いに疑問を持っています。一連の聖母預言は、UFOなどを操る宇宙存在か、または異次元の存在によるものと思われます。しかも、どう考えてもレベルの低い連中に思えてなりません。日本でも、マリア像の目から血の涙が流れた話などがテレビなどでも紹介されていますが、神に近い存在がすることにしては幼稚すぎるような気がします。まさに子供だましのレベルです。

また、ファティマに現れた聖母が示した第三の預言を、人間が約束を破って公表しないのであれば、もう一度聖母が予言し直せばすむはずです。ファティマの預言の後にもたくさんの聖母預言が世界各地でなされているにもかかわらず、第三の預言が人類に明らかにされないことに対して、それを咎《とが》めるメッセージがなされていないのは腑に落ちません。

聖母預言はとにかく暗い内容の多いのが特徴です。「悔い改めなさい。でないと地獄に堕ちますよ」という警告風のメッセージが多いので、それを聞いた人は皆、恐怖心にかられ、マイナスの想念波動を出すことでしょう。キリスト教の持つ原罪意識を強調するだけで、プラスにはならないように思います。おそらく幻視者にメッセージを届けているのは、まともな存在ではないはずです。人類を恐怖に陥れ、マイナス想念を持たせることを目的とした、サタン系列からのメッセージではないでしょうか。

主な疑問点を整理してみますと――

①終末における日本の特別な役割が全く示されていない。
②UFOは地獄のものだと言っているが、ファティマで起こった現象はUFOの仕業としか思えない。
③月にUFO基地があるのに、宇宙には暗闇があるだけだと言っている。
④「人類の八割が地獄に堕ちている」といって恐怖心をあおっている。
⑤新しい時代には、人間が浄めを受けてレベルアップするということを言っていない。

――などなどです。

銃口に首を突っ込んで、世界が笑っている

この見出しの文章は、私が高校一年生のとき（一九六二年）学級文集用に書いたものです。当時

は東西冷戦の時代で、キューバ危機などがマスコミをにぎわせていました。その後、ソ連が崩壊し、アメリカ一国が圧倒的な軍事力を持ったことによって、当面の世界大戦の危機は遠ざかったように見えます。しかしながら、核兵器そのものはなくなったのではなく、むしろ管理がずさんになってテロリストの手にも渡っているのではないかとさえいわれています。

そのため、局地的な戦争において核兵器が使用される危険性は高まっているのです。人類はいまなお銃口に首を突っ込んだままです。平和ぼけした日本人の多くはテレビでスポーツやバラエティ番組を見て笑ってはいますが……。

しかし、私がいま「銃口」と思っている内容は当時とはずいぶん違っています。それは一口に言えば地球環境問題です。世界の権力の中枢に位置する人たちは、すでに現在の地球環境が回復不可能なレベルにまで破壊されていることを知っているといわれています。しかし、そのことを一般の人が知ると文字どおりのパニックになりますから、巧妙に情報操作をしているようです。

私が、一般に出回っている情報に基づいて個人的に分析しても、もう地球の自然環境はずたずたに破壊され、そして今もなお破壊され続けているということです。大気、水、土壌、森林資源、……そのどれをとってみても、現在の状態がどうなっているかを知れば、楽観的な未来は描くことができません。もはや、「持続可能な（sustainable）状態」などあり得ないのです。

急激な人口増による食糧問題も大変深刻です。原子力発電所から排出される放射能廃棄物はどのように処理されるのでしょうか。地球上から急速に姿を消しつつある何万種の生き物と、そのことによって変わりつつある生態系の問題も、私たちの予測を超えた事態を生み出すことになるはずです。

いま直面している事態を冷静に分析できる目を持つ人間から見れば、「のんきに笑ってる場合ですか?」と言いたくなるはずです。もちろん、「そんなことを知ったところで、どうしようもないだろう?」と居直っている人、諦めている人に対しては、「お好きにどうぞ」と申しあげるしかありません。

また、「人類の英知でどうにかなるはずだ」という超楽観、というよりノー天気な人にも申しあげることはありません。ただ、事態は全ての人の目の前で起こります。人類は無知のまま「ゆで蛙」(水を入れた容器に蛙を入れて下から熱すると、徐々に温まるために蛙は跳び出す機会を失い、ゆで上がってしまうこと)のように滅びの道をたどるのか、それとも気づきを得て芋虫から「蝶」に羽化するのか、いまその重要な岐路に立たされているというのが私の認識です。

《失速編》お金で量ってきた「豊かさ」は蜃気楼《しんきろう》でした

悲観的な未来しか見えない時代

情報化社会の今日、一般に出回っている情報をある視点から取捨選択し、丹念につなぎ合わせていけば、これから先に起こることは十分に予測することができます。現代は、それほど便利な社会になっているのです。フツーの人が未来の出来事を予言できる時代になったと言えるでしょう。しかしながら、相当の洞察力を持って情報を処理しないと、ただ悲観的なだけの未来が見えてしまいます。

例えば今日の地球環境の状態――。知れば知るほど絶望的です。人類がこのまま生きながらえることはとても不可能なレベルまで汚染されているのです。そして、地震や洪水、竜巻、旱ばつなど、頻発する異変の数々――。私たちがこれまで理解してきた地球の働きとは全く違った〝何か〟が始まっています。

そういうなかで、この人間社会をコントロールし、人類を奴隷化しようとする意図をもった邪悪なエリート集団が存在するという事実も、私たちの心を暗くします。幼い頃、私たちが描いたバラ色の未来はどこにも探し出すことはできません。はたして、これから地球とそこに生息する私たち人類に、どのような未来が訪れるのでしょうか。

現代社会はどこで間違いを犯したのか

人間社会は意図せずして行き過ぎてしまいました。過ちの部分とは、一つは西洋文明が中心となって自然を敵視したこと、つまり、自然との調和をはかるのでなく、征服しようとしたことにあります。次が、人間中心主義で考えてきたこと。自然環境をはじめ地球に棲息する生き物は人間のためにあるとする西洋文明の考え方が間違っていたということです。

そして、科学の力を過信しての物質第一主義の考え方が行きづまっています。例えば人の体を単なる物質ととらえ、その部品としての内臓を修理したり、取り替えたりすれば病気も治せるといった考え方が間違っているのです。

あらゆる予言書は、地球がやがて終末のカタストロフィーを迎えることを示唆しています。「人類の意識が変わらなければ」という条件がついてはいますが……。

では、いったい人類の意識の何が問題なのでしょうか。貧しい人が豊かさを求めることが、なぜいけないのでしょうか。身の回りに物を揃えて、豊かさを実感することは間違いだったのでしょうか。少しでも楽ができるようにと、便利さと快適さを求めて、さまざまな発明をしたことはいけないことだったのでしょうか。人類はいつまでも原始の生活をするように運命づけられているのでしょうか。

もしそれが神の意図というのであれば、自然と共生するアメリカインディアンの暮らし方が最善だったでしょう。ところが、神は白人の侵略者にそのインディアンの大虐殺を許し、その後にアメリカ合衆国という国をつくらせ、今日の高度な物質文明を築かせたのです。

今となっては、そのアメリカが主導してきた大量生産・大量消費・大量廃棄の暮らし方が間違っていたことには、ほとんどの人が気づいています。しかしながら、戦後の日本はそのアメリカに追随し、モノづくりによって世界第二位の経済大国となりました。

そしていま、眠れる巨像といわれてきた中国やアジア諸国が同じ経済成長の道を歩もうとしています。一二億とも一三億ともいわれる中国の人々がアメリカ型の物質豊かな社会を目指すとき、この地球はどうなるでしょうか。どれだけ膨大な資源が消費され、またゴミとして廃棄されていくのか想像もつきません。しかし、世界経済のメカニズムは、中国をはじめとするそれらの国の経済成長にブレーキをかけるどころか、むしろそれを助け、地球の崩壊に拍車をかけつつあります。

この現実を見るだけでも、この地球が行きづまっていることが理解できると思います。ところが、いまなお我が国は消費の拡大を追求しなくてはならないメカニズムに陥っているのです。安売りによって無駄遣いを進める消費拡大政策を日本も続けていますが、浪費をあおる経済政策に依存する社会はすでに行きづまっています。

私たちはマスコミに飼い慣らされつつある

西洋科学文明（物質第一主義）が間違いの源でした。しかし、いまマスコミの大衆迎合的な報道姿勢のなかで、多くの人は家畜のように飼い馴らされ、そのことを問題とは感じなくなっています。テレビや新聞による誘導、すなわちマインドコントロールによって、問題の深刻さに気づかないように洗脳されつつあるのです。これも、世界を陰で操作しているといわれる闇の権力が意図した3S（Sex, Sport, Screen）政策の一環かもしれません。

今日では、ほとんどの人がテレビや新聞の提供する情報を鵜呑みにしています。そのため、自分の頭で考える人が少なくなってきました。考える力が退化して、テレビや新聞から得た情報を、安易に「自分の考え」と思いこんでしまうのです。

試しに、あなたが信じていることについて、「なぜそう思うのか?」と自問してみてください。「テレビでそう言っていたから」「新聞で読んだから」「みんながそう思っているから」といった根拠の乏しいものが多いはずです。

我が国では、かつては「経済は一流、政治は三流」といわれてきました。しかし、その経済もバブル崩壊後の不良債権処理問題で大きくつまずき、いまでは国債の格付けがアフリカの小国よりも低いレベルにまで落とされる始末です。

治安についても同じ傾向が見られます。犯罪の発生件数、あるいは検挙率からみて、長い間世界一安全な国といわれてきましたが、最近ではかつては見られなかったような凶悪な犯罪が多発し、また検挙率も大変低くなっています。

このように、さまざまな分野でブランド神話の崩壊現象が見られるようになりました。製造業の世界でも、牛乳のトップブランドだったメーカーが、回収した牛乳を再度原料として使用していた事件や、ハム・ソーセージのトップメーカーが原料肉に国産と偽って輸入肉を使用していた事実などが明らかになりました。

唯一、化けの皮がはがれていないのがマスコミです。いや心ある人たちはマスコミの不良度についても十分に見抜いているのですが、残念ながら一般の国民は、マスコミが発信する情報を鵜呑みにする体質が染みついているため、その本質的な問題点に気づいていません。もし、情報発信側がある意図を持って情報を操作すれば、大衆を一定の方向に走らせることはいとも簡単にできる状況が生まれているのです。街の声として、インタビューした内容を都合よく編集し、意図的に世論形成をすることなど朝飯前と言っていいでしょう。

かつて大衆を戦争へと誘導していった過去の苦い経験が、全く生かされていないと言わなければなりません。今日の情報化社会においては、それは発信側の問題というよりも、受け手側にも大きな責任があります。私たちはあまりにも安易にマスコミの情報を、特に大新聞やその系列のテレビ・ラジオ局からの情報を信じてしまう傾向があります。マスコミについても、一流ブランドほど製品づくり（情報の収集・加工）に手抜きが多いという今日的現実に目を向ける必要があります。

マスコミが提供する情報は玉石混交で、食べやすく調理された情報にはおかしな素材が入っている可能性があることを疑うクセをつけたいものです。そのためには、やはり幅広いメディアから情報を取り入れる習慣を持つことが大切です。

金持ちになることが成功と考える異様な社会

いまや世界中に拝金主義が蔓延《まんえん》しています。お金持ちになるためのノウハウを教える書物もたくさん出されています。最近では「いかに借金を踏み倒すか」ということを教える本も出る始末です。何かが狂っているのではないかと思うのは私だけではないと思います。

お金は真面目に働いて稼ぐものと教えられ、勤勉に働くことに最高の価値を見出していた日本人も、いまは株や投信などのマネーゲームにうつつを抜かすようになってしまいました。今日ではほとんどの人が、金持ちになることが成功の証だと考えるようになってしまったのではないでしょうか。そういう世相を反映してか、「どうしたら金持ちになれるか」といった類のハウツー本が、書店にたくさん並べられています。

昔は親が子供を医者にしたがり、最近ではスポーツ選手にしたがるのも、第一の目的はお金である場合が多いのではないかと思われます。スポーツは人々を楽しませるという意味では悪いことではありません。しかしながら、この情報化社会において、一方では今日の食べ物も得られず餓死しかかっている人がたくさんいるという現実から目をそらして、プロスポーツに熱狂する姿を見ていますと、進化しつつある人類とは思えないものを感じます。

まして、そのスポーツを自分や自分の子供が金持ちになるための手段として考えるということであれば、まさに終末現象というべきでしょう。どう見てもまともな生き方とは思えません。

人間がお金に踊らされている

いま、お金さえあれば何でもできる世の中になってしまっています。そのお金に、人間が踊らされているのです。お金のためであれば魂さえも売る時代になっています。お金で人の命（尊厳）まで売買されています。お金儲けのうまい人が権力を握り、同胞を支配し、悪を働いているのです。そのツケは寸分の狂いもなく巡ってくるでしょう。

予言によると、お金が不要となる時代が間もなく訪れるといわれています。最近のお金には魔が宿ってしまった感じがします。お金は人間の想念の影響を受けますので、お金に対する人間の考え方が色濃く反映されるのです。お金に感謝することなく、単なるルーレットのチップ並みに考える人が増えれば、お金は「人を喜ばせる」という本来の価値を見失い、単なる数字を表す道具としての無機質なものに変わってしまいます。

「お金が悪いのではなく、使う人の問題だ」といえる時代は終わりつつあるのです。額に汗して稼ぎ、持ち帰った給料袋をそのまま仏壇や神棚に供えるなどして尊んだ時代のお金と、パソコンや携帯電話によって売買される株や相場商品のような数字としてのお金は全く別のものと言えます。我が国には昔から「悪銭身に付かず」という言い伝えがあります。お金の素性によって、つまりどのようにして手に入れたかによって、人の喜びにつながる正しい働きをするものと、人の欲望や驕《おご》りの気持ちを助長するだけのものとがあるのです。

現代の日本は、「あくどい手段で手に入れようとも、金のあるほうが勝ち」という世の中になってしまっています。それを不自然とも思わない人が増えつつあるのも、まさに終末現象と言えるでしょう。

お金が幅を利かせる社会は壊れていく

「お金に罪はない、使う人間の気持ちの問題だ」という考え方も間違いとは言えません。しかし、どういう手段で手に入れたかを問わないのは問題があります。人を廃人にしてしまう麻薬の密売で手に入れたお金と、有機農法で汗を流してつくった農作物を販売して得たお金とは、同じお金ではありますが意味するものは全く違います。しかし、いまはマネーゲームの上手な人や、高い金利で金貸しをしてお金を儲ける人のほうが豊かな生活ができる世の中です。

どんな稼ぎ方をしても、お金はお金で一緒ということであれば、真面目に仕事をして世の中に貢献することを通じて生活の糧《かて》を得ている人は、社会的には低い地位におかれ、貧しい暮らしを強いられるかもしれません。これが強い者勝ちの資本主義の実像です。その資本主義はまもなく崩壊するといわれています。つまり、お金が幅を利かせる社会は壊れていくということです。お金を大事にする生き方でなく、資源(例えば、水資源)やモノを大切にし、無駄にしない生き方へと切り替えていく必要があるということです。

ニンジンが食べたいから馬は走ります。人間もお金というニンジンのために働いてきました。しかし、その過程で自然や地球環境への配慮を忘れていたのです。お金を得るために、より豊かな暮らしをするために働いたこと自体は間違いではなく、貴い体験でした。お金は私たちにとってニンジンと鞭《むち》の役割を果たしてくれました。要するに、お金は人生勉強の教材だったのです。私たちが追求してやまない「モノ」の象徴として、勤勉であることの大切さと、我欲、物欲の空しさを人に教えてきたといえるでしょう。いま、その教材が一人歩きを始め、人々を不幸にしているのです。

経済成長は本当に必要なのか

いま、景気が良くならないと企業が次々に倒産し、大量の失業者が発生するので、やはり経済成長が必要だ、という考えが一般的となっています。景気を良くするにはモノが売れないと困るわけです。では、モノの代表として自動車について考えてみましょう。自動車産業は鉄鋼をはじめとする多くの産業の技術が寄せ集められてつくられていますから、自動車が売れるか売れないかは景気に大きく影響します。

しかし、今日日本のほとんどの家庭に一台以上の車が行き渡っています。ということは、車がさらに売れるためには、現在の車を捨てさせて、新しく買い換えさせなくてはならないということです。そのために、車はさらに進化し、付加価値をつけられて世に出されます。

環境にやさしい低公害車などが普及すれば、それはそれで意味のあることではあります。しかし、排気ガスの面で環境にやさしい車であっても、車をつくるためには電力をはじめとしてかなりのエネルギーが消費されます。また、車が増えれば道路が渋滞しますから、道路を整備しなくてはいけません。公共工事としてなされるその道路づくりが環境破壊の元凶となっているのです。

このように考えてみますと、はたして経済成長は今後も必要なのでしょうか。というより、これからも経済を成長させることができるのでしょうか。少なくとも、大量消費を推進するために技術革新を進めるという従来のやり方が行きづまっているのは確かです。

地球は人間だけが住むための星ではありません。また、動物や植物、微生物などさまざまな地球上の生物がいなければ、人間は生きていくことはできないのです。

石油の原料になっているのは恐竜の死骸だという説もあります。最近、恐竜がブームになりましたが、あたかも石油文明の終わりを暗示しているかのようです。石油は地球の血液とも言えるもので、本当は掘り出してはいけないものだというインディアンの教えもあるくらいです。

その石油からつくられたガソリンを燃料として走る車は大変便利なもので、現代社会を豊かにした最高の発明と言うことができますが、便利さを帳消しにするほどの大きな問題を抱えているのも確かです。特に国土の狭い我が国ではこれ以上車を増やすことはできないのに、車が売れないと景気が悪くなるというパラドックス——。この矛盾が現代文明の行きづまりの象徴と言えるでしょう。

民主主義の弊害が日本を壊している

私たちは、民主主義は正しいものと教えられてきました。確かに、「民に主権がある」という言葉どおりであれば、それは正しいのかもしれません。しかし、その「民」とは何を指しているのでしょうか。利害の対立する人たちのなかで、多数を占める人の意見が物事を決めるということで、本当に正しい決定になるのでしょうか。

企業で革新的な取り組みをして成功したものの場合も、決定の場においては、提案者以外のみんなが反対したケースが多いといわれています。

これが、人類社会のことであればどうでしょうか。企業の一員よりもはるかに情報量が不足し、またロイヤリティー（忠誠心）も低い多くの人が、本当に正しい決定をするでしょうか。私はむしろ「逆」である場合が多いと思います。

日本にも「衆愚《しゅうぐ》」という言葉があります。目先の自己の利益しか考えない民が多い場合は、民主的な決定は常にエゴを生み、正しい決定を遠ざけてしまいます。

何よりも問題なのは、決定した側（多数者）の誰一人その責任を問われないということです。「みんなで決めたことだから」ということで、その結果が悲惨なものであっても、それは誰の責任でもありません。自然を破壊するようなダムをつくったり、河口堰《ぜき》を埋め立てたりする決定も、もし多数者が賛成をすれば実施されてしまいます。

今日では、マスコミの巧みな誘導があれば、大衆の意見を一つの方向に向けるのがいとも簡単になされる時代です。個人を大切にすると言いながら、結局は大衆のエゴを助長し、正しくても少数派の意見は無視されるというおかしな社会をつくり出してしまいました。

このように、神（絶対）を見失った人間が、大衆（相対）を主人公として絶対視しようとしたのが民主主義なのです。民の一人ひとりが神に近い存在であれば民主主義は「神主主義」となるでしょうが、民がエゴ（我良し）の集まりであれば、それは悪魔に牛耳られてしまいます（歴史がそれを証明しています）。数の論理は少数意見や、声の小さい者の正しい意見をもはねのける力の論理です。多数決は悪魔の方程式と言ってよいでしょう。この先に訪れるといわれている新しい時代には、「誰もがそう言っているから」ということで思考停止してしまう人は生きのびることが難しいかもしれません。

家庭の崩壊はなぜ起こったか

いま男女共同参画《さんかく》ということで、女性と男性が意味なく区別されていることを改めようという動きが活発化しています。それはそれで結構なことですが、本質的な問題はそれ以前にあるのではないでしょうか。

いわゆるブルーカラーといわれる肉体労働が中心だった時代には、体力的に比較的優位にある男性が職業としての労働を担い、家事を中心とした労働が女性の分野という暗黙の了解がありました。男性が外でお金を稼ぎ、女性が家庭で子供や老人の世話をすることで役割分担ができていたのです。しかし、今日では職業が多様化し、肉体労働よりも知的な能力を生かす職業が増えてきたことによって、「男性がお金を稼いでくる人」という位置づけは弱くなってしまいました。

というより、多くの女性が仕事を通じて社会参加を果たすようになったのです。その結果起こった現象として、家庭のなかで育児や老人の世話をするという重要な役割を担う人がいなくなってしまいました。保育所や幼稚園のような施設が誕生し、老人ホームなどが生まれたのにはそのような時代背景があります。

昔は子供も老人も家庭のなかで面倒をみてもらえたのです。そして、老人は人生の大先輩として家族から敬われ、経験にもとづいた知恵と知識の供給者でもありました。農業を営む家庭では、農繁期には女性も農作業に従事しましたので、子供の世話は祖父や祖母といった老人がみていたのです。それは今からみれば理想的な家庭の姿でした。

女性が家庭を出て外で働くようになってしまったことで、確かに収入は増えたかもしれませんが、子供の教育や老人の世話をする人がいなくなり、家庭の崩壊現象が始まったといえるでしょう。もちろん、その責任が女性にあるという意味ではありません。

平均的なサラリーマンとしての男性は、仕事や仕事仲間とのつきあいで帰宅が遅く、家族が一緒に食事をする機会が少なくなっています。子供も塾やスポーツで家に帰るのが遅くなり、家庭でのしつけ（家庭内教育）の機会が少なくなりました。

自らしつけられなかった者は親になっても我が子をしつけられない、ということで、「乱れ」のエントロピーは進みます。女性と男性の役割が不明確になった結果は、めぐりめぐって自分たちに返ってきます。いまは多くの家庭で、老後は老夫婦だけの生活となり、子供や孫たちとは隔離され、心を癒す場がありません。昔は老人の面倒は身内がみるのが筋でしたが、いまはほとんどの家庭にその体制がなくなってしまいました。

子供をしつける役割を放棄した家庭と学校

戦後の日本社会の乱れを示す最たる現象は、

①子供が親を敬わなくなった。（少なくとも畏《おそ》れなくなった。逆に親が子供を恐れている）

②学生（生徒）が師を仰《あお》がなくなった。（逆に教える立場の教師が生徒を恐れるようになっている）

③社会が子供をしつけられない。（注意をすると、その親が反発する。場合によっては子供が集団で暴力をふるう）

——といった点です。

要するに家庭や学校、社会という子供の教育の場から権威が消え失せて、社会経験のない子供が野放し状態になって手がつけられなくなった、というのが実情です。いじめや校内暴力などを例に出すまでもなく、電車内など公共の場において見かけるようになった小・中学生や高校生の傍若無人ぶりには、多くの大人が眉をひそめているはずです。全ての若者がこのような状態にあるわけではありませんが、その傾向は年々強まっているように思われます。

このような子供たちがつくる未来社会は、はたして思いやりに満ちたものになるでしょうか？これから日本の社会はますます殺伐《さつばつ》としたものになっていくに違いありません。

子供の権利のみを過度に重視し、社会的義務を十分に教えてこなかった結果が、いまでは取り返しのつかない若者の退化現象を生み出してしまいました。これは、もはや教育制度という「部品」の改革では解決することができません。社会全体が病巣と化しつつあるからです。明日を担う若者たちが「病気」にかかっているということで、大変深刻な終末現象と言わざるを得ません。

もちろん、今日でも家庭においてきっちりと教育された立派な若者がたくさんいることは確かです。あるいはその差が非常に大きく、若者の二極分化が進んでいるとも思われます。近年実施された世界の青少年の意識調査を見ますと、「全体のために自分を犠牲にしてもよい」と答えた若者は我が国が最も少ないという結果が出ていますが、これも気になる兆候ではあります。

私たちが求めてきた豊かさの正体とは

私たちはこれまで常に「豊かな暮らし」を夢に描いてきました。その豊かさとは何でしょうか。ひところは新しい電気製品を増やすことが豊かさの証明だったこともありました。その電気製品は、不必要とも言える付加価値をつけて消費者の買い替えを促してきましたが、ゴミ問題など環境破壊を深刻化させることになってしまいました。自動車も長い間豊かさのシンボルとなってきましたが、排気ガスによる大気汚染、高速道路の渋滞、迷惑駐車、エネルギーの大量消費、道路建設による自然破壊、交通事故、廃車によるゴミの増加などなど、解決できない問題が山積みになっています。

食べ物はどうでしょうか。野菜などの農作物は、農薬の使用により大量生産が可能になりましたが、結果として、食に対する感謝の気持ちを失うことにつながっています。また、季節感を忘れさせる食生活が実現した結果、グルメや美食に慣れ、すっかり飽食民族となってしまいました。かつての米不足の時の輸入タイ産米に対する反応で、食べ物に対する感謝の気持ちを失った今日の日本人の弱点が露呈されたような気がします。

さらに、旅行・レジャー好きの民族性は、リゾート施設やゴルフ場の乱開発で、深刻な環境破壊を引き起こしています。ともあれ、私たちの身の回りにモノは満ちあふれていますが、日本人の心は貧しくなる一方です。

欧米型の暮らしを夢見て努力してきた(中流をめざしてきた)結果として得たものは、モノに囲まれていながら豊かさを感じられないという哀れな姿だったのです。

今日でも、何かのセールで粗品がもらえるとなると、日本人はとにかく行列をつくります。これだけモノに囲まれても、ただでもらえるものはもらっておこうという貧乏性の民族なのです。作家の曾野綾子さんは、「豊かさとは与えることである」と言っていますが、私もその考えには同感です。

だいぶ前のことですが、ある新聞に、アフリカの難民キャンプでの出来事を伝える感動的な記事が載っていました。それは、特派員として難民キャンプを取材した記者が、後日談として書いたものでした。

この記者は滞在中に一人の子供と仲良しになりました。毎日の食料さえ十分に手に入らないキャンプ生活のなかで、その子供には一日に一個、とうもろこしの実がおやつ代わりに与えられていました。子供はそれをすぐには食べずに、野牛の角《つの》でつくった容器に入れていたのです。貯まった五個ほどのとうもろこしの実を、毎日取り出しては点検し、まるで宝物のように扱っていたそうです。

取材が終わり、いよいよお別れの日がきました。短い滞在期間でしたが、情が移り、後ろ髪を引かれる思いで立ち去ろうとする記者のところに、子供が走り寄ってきました。その手には、大切な宝物が二個、記者へのプレゼントとして握られていたというのです。

この感動的な実話をもとに、記者は「豊かさとはなにか」と問いかけています。

毎日の食べ物も十分に与えられないこの難民キャンプの子供に比べて、手軽なファーストフードを口にしてテレビゲームや塾通いに明け暮れている日本の子供たちのほうが、はるかに心が貧しいのではないか、と嘆いているのです。経済的な豊かさが実現されたいま、我が国の未来を担う子供たちの間に広がる心の貧困――。これも、もはや軌道修正が難しい終末現象の一つと言えるかもしれません。

《混迷編》もはや現代文明の破局は避けられません

プロローグ

聖書にはじまり、ホピの予言、さらには日月神示《ひつき》、大本神諭《おおもとしんゆ》などの国産予言に至るまで、フツーの人の頭で審神《さにわ》した結果わかった終末現象の驚くべき真実——。これから終末現象として起こるのは、なんと人類の集団岩戸開き現象だったのです。人類のカルマの数々が、この三次元のスクリーンに映し出されるということです。

素晴らしい時代到来の予感

いま、人類始まって以来の
素晴らしい時代の到来が予感されています。
しかし、そのまえに
大きな困難が待ちかまえているらしく……。

私たちにできること——
それは、気づくことです。
世の中を動かしている力、メカニズムに気づくことは
とても大切なことなのです。

そして、つぎには
その気づきを周りに伝え、広げることです。
いつの日か、その気づきの輪は
大きく大きく広がって
この世界を変える力を生み出します。
そのとき、私たち自身が
この世界と一緒に進化するのです。

気づくこと――
それは心の扉を開けることです。
そのためには、いままでに詰め込んできた
思い込みという雑多な知識を
一度外に出してしまうことが必要です。

必要なこと、必要な知識は
それほどたくさんはありません。

本当に必要な知識を受け入れたとき
本当の世界が見えてきます。
新しい世界が見えてきます。
あなたに
ほんの少しの勇気さえあれば……。

人類はすでに破局の扉を開けてしまった

世界の人口爆発と異常気候による食糧不足、その食糧をめぐっての国と国、人と人との争いはもはや避けることはできないと思われますが、そのことは多くの予言に述べられています。

食糧自給率が先進国のなかでは最低水準の我が国の場合、事態はさらに深刻です。それに地震や洪水などの天災が加わり、治安が乱れ、政治はますます混乱する、といった最悪の事態も想定しておく必要があるでしょう。

中国で、大量に発生したネズミが集団自殺行動を起こしたように、異常繁殖した人類も集団自殺の道を歩むのでしょうか。いま、人類はなだれをうって断崖へと突っ走っているようにも見えます。あるいは、「陰の世界政府」と呼ばれている闇の権力が、意図的に人類の大量削減を実行に移しているのも確かでしょう。アフリカやアジアの低開発国における内乱や、エイズをはじめとする奇病の発生と蔓延は、彼らによって仕組まれたものだと見られています。

また、中国のような一〇億を超える人口を抱える国が先進国化を目指すことで、急激に増加しつつあるモノの需要が引き起こす地球環境破壊を押しとどめることは不可能です。破壊のスピードが速すぎて、完全に破局の扉を開けてしまっているのです。

未来のシナリオは確定しているのか

人類にいろいろな形で示されている予言は、偉大なる神が準備した「人類のための未来のシナリオ」なのでしょうか。もしそうだとすれば、神は何の目的で未来の姿を人類に示すのでしょう。もし、未来が確定していて変えようがないものであるならば、人類にそれを伝えても意味がないはずです。まして、その未来が人類にとって悲惨な状態になるのであれば、それを知らされた人類は向上意欲を失い、生きる希望を失ってしまうでしょう。

逆に、人類のなんらかの努力によって未来が変わるのであれば、その努力すべき内容を具体的に示す必要があると思うのです。と同時に、努力次第で未来がどのように変わるのかを示す必要があります。

予言の目的が人類に努力を促すものであるならば、最低2つ以上のシナリオを見せる必要があるということです。そのことによって、人類はよりよい未来のために現在を正しく生きることになります。ただ、これは親が子供に「勉強したらお小遣いをあげる」というのとあまり変わりがないのです。

人類は「よりよき未来」というお小遣いにつられて、または「悲惨な未来」というお仕置きを恐れて、現在の生き方を正すのであって、そこに学びや主体性はありません。はたして、これが人類に進化を促すという神の意図したことでしょうか。

ここでおかしな結論にたどり着きます。もし、人類の努力が中途半端であった場合、未来のシナリオはどうなるかということです。努力の程度によって、シナリオはころころと変わるのでしょうか。もし未来がそのように人類の努力次第で簡単に変わるのであれば、予言は成就しないということです。つまり、もともと確定した「未来のシナリオ」など存在しないということになってしまいます。

個人の努力で未来は変わる？

インドには、五〇〇〇年前に個人の運命をアガスティアの葉っぱに書いた予言が残されているという人が現れました。それによりますと、その予言を見にくる人物もすでに五〇〇〇年前からわかっていて、その人物の五〇〇〇年間の生まれ変わりの内容はもちろん、現在の個人的な属性から未来の姿に至るまで書かれているといいます。（『アガスティアの葉』青山圭秀・著／三五館）

ということは、われわれの運命は、少なくとも五〇〇〇年間は決まってしまっているということになります。そして、個人の運命が決まっているということは、個人を取り巻く環境も決まっているということですから、世界はある決められたシナリオに沿って進んでいるということが言えるでしょう。

つまり、私たちの人生はすでにできあがったドラマをビデオで見ているようなものだということです。私たちが自分で決断し、選び取ってきたと思っている現在の人生は、ある大きな運命のレールの上で、すでにそう進むことが確定されていたと考えるしかないわけです。

いつ、どこに生まれ、親は誰と誰で、将来誰と結婚し、子供を何人設け、死ぬのはいつか。そんなことが全て決まっていて、しかも、自分の未来の姿が覗けるとしたら、生きる意味とはいったい何なのでしょう?

未来の姿がわかって、その運命を変えるためにさまざまな努力をしても、人の運命は変えることができないものなのでしょうか?

その後、この『アガスティアの葉』の内容はでたらめであるという本(『アガスティアの葉の秘密』パンタ笛吹・真弓香・共著/たま出版)が出されました。真贋《しんがん》については軽率に判断すべきではないのかもしれませんが、私はためらうことなくパンタ氏・真弓氏の本に軍配を上げたいと思います。これによって、「個人の努力で未来は変えられる」という考え方を復活させることができるようになりました。

私の結論を申しあげましょう。「未来はある程度形ができあがっている。しかし、細部は人の意識の変化によって変えることができる」ということです。

それは、例えば私たちが水彩画を描くときに、まずラフな形で下絵を描き、その下絵を生かしながら色を付け、少しずつ手直しをして、やがて細部に至るまで絵の具を塗っていくこととよく似ています。下絵の段階で絵のイメージはわかりますが、色を付けるまではまだまだ変化させることができます。つまり、より遠い未来ほど変えやすいということです。

ただし、絵の題材となる風景は決まっています。それは絶対神とも呼ぶべきスーパーパワーから与えられた題材なのです。それを私たちがどのように理解するかによって、絵の内容も変わってきます。見る人の意識のレベルによって、風景もいろんな姿として目に映るように、私たち人類の未来も、私たちが神の意図をどのように理解できるかによって変わっていくのです。

人は明るい未来を期待して予言や占いに関心を示す

一時期の予言ブームは去りましたが、占いをはじめ未来の出来事を知りたいという人は後を絶ちません。いったい人は何のために未来を知ろうとするのでしょうか。自分や自分の愛しい存在の未来についての期待と不安があるから知りたいのでしょう。占いや予言の根強い人気はそこにあります。

なかには、自分のことより、第三者の位置からゲーム感覚で予言を楽しむ人もいるかもしれません。しかし、それはガンの告知を受けるまでの人と同じで、予言の内容が自分に関係して来た段階で、必然的に当事者の位置に引き下ろされてしまいます。予言や占いは、自分の幸せを保証してくれる明るい内容であることが期待されているのです。それが逆の場合、人は突然不幸のどん底に落とされ、場合によっては占いや予言のほうが間違っていると考えます。あるいは何らかの努力によってそれがはずれることを期待するようになります。

いま、人類の未来を予言する内容は必ずしも明るいものとは言えません。これまで人類が一度も経験したこともないようなカタストロフィーに見舞われるという内容なのです。

予言の世界も玉石混淆

予言者には、未来はどういう形で見えるのでしょうか。聖書予言では、未来の映像は抽象的な形で見えています。それはまるで夢のようです。ヨハネの黙示録などは、解釈の仕方は何通りもあるといわれ、また、起こる時期も確定できません。地名も「ゴグ」や「マゴグ」など、予言が実現するときの地名とは違っています。起こることも「馬で攻めてくる」などとなっており、予言当時の状態をそのまま表しているのです。

ところが、ノストラダムスとなると、未来に登場する「ヒトラー」の名前までわかっていたということになっています。そのくせ、「アンゴルモア」など、予言解読を試みる者が全く歯が立たないような言葉も出てきます。一方、陰の世界政府やフリーメーソンなどのことは、それとわかる形では出て来ません。それは、すでにノストラダムスの時代から世界を陰から操る闇の権力が存在していたからです。身の危険を感じて、ノストラダムス自身がそれら闇の権力者のことを予言に盛り込まなかったと見ることができます。

逆に、ノストラダムス自身がその闇の権力の手先だったという説もありますが、どちらも確たる証拠はありません。

ジーン・ディクソンの予言も、それがまともな予言であったならば、ケネディ兄弟の暗殺の光景を鮮明に見ていたと思われますが、この人物は陰の世界政府の回し者だったということが判明しています。ケネディの暗殺が計画された後で、その筋から情報提供を受け、予言の形で明らかにしたというだけのことでした。聖母預言も、最近の映像技術でいくらでも幻視させることができますので、大半は低級な宇宙存在から「予言させられた」ものでしょう。

しかし出口王仁三郎の予言のなかには、未来の姿を見ていたとしか思えないものが数多くあり、私は世界の数ある予言のなかでも、日月神示と並んで最も信頼がおけると見ています。

日本も陰の世界政府のコントロール下に入っている

現代文明（物質文明）の象徴であるアメリカ社会は、間もなく崩壊するでしょう。すでにその前兆を示しています。アメリカはイルミナティが支配する国です。フリーメーソン、三〇〇人委員会、外交問題評議会（CFR）、日米欧三極委員会、ロックフェラーなどは下部組織、もしくは隠れ蓑です。

日本も陰の世界政府によるコントロール下に入っているようです。アメリカに続いて、あるいはそれに先だって、日本の社会は完全な管理社会になっていくと思われます。すでにその兆候はいろんな局面で現れています。政治、教育、経済、歴史認識、食糧、医療、宗教など、あらゆる分野が見えない力のコントロールを受けています。特徴的な出来事を拾ってみますと――

①相次ぐ政治スキャンダルの発覚(暴露)により、国民の政治不信が極限に達しつつあります。国民が、政治を自分たちの力で変えられるとは思わなくなってきています。マスコミにより政治のショー化が行なわれているのです。

②経済は、バブル化とその崩壊という過程を通じて完全に崩壊させせられました。

③教育は、戦後の教育改革で完全に破壊されました。

④マスコミは、自分の頭で考えない国民を大量生産しています。マスコミがつくり上げた考えが世論となり、多くの人を洗脳するメカニズムができあがっています。自分の頭で考えるのでなく、他人の考えを自分の考えと思ってしまう安易さが、洞察力や分析力を失わせ、単なる物知りの解説者だけを増やしているのです。

マスコミの要人も秘密諜報組織に狙われている

そのマスコミの要人も狙い撃ちにされてきました。マスコミの中枢にいる人たちは、金や女などの誘惑を仕掛けられ、脅されて、真実を報道できない体質になっています。だいぶ古い話になりますが、当時のＮＨＫの解説委員が、「モサドが一番すごいです。私たちの行動を全部つかんでいます。そして、パーティーの席などで会ったときに、そのことをさりげなく言うのです。そういうことを経験すると、イスラエルを批判するようなことは言えなくなります」と言っていました。見るからに誠実で温厚そうな初老の解説委員の口から、落合信彦の専門分野と思われるようなイスラエルの秘密諜報組織・モサドという言葉を、日常会話のなかで聞くとは思いませんでした。

その解説委員は、「私の友人がA新聞の論説委員をやっていますが、彼の話ではA新聞の論説委員の八割以上は汚染されているそうです。つまり、KGB（アメリカのCIAに相当する旧ソ連の秘密諜報組織）に買収されているらしいです」とも言ってました。「KGBの手口は金か女です」という言葉が印象に残っています。

もちろん、世論操作のためにマスコミの要人を狙う手口はモサドやKGBの専売特許ではありません。いまや世界最大・最強の秘密諜報組織となったアメリカのCIAは言うまでもなく、いま世界で最も独裁的な国と目されているアジアの某国の諜報部員も、さまざまな形でマスコミ関係者や政府関係者、および有力政治家にアプローチを試みているとみるべきでしょう。先進国で唯一、スパイを取り締まる法律を持たない（持ちたくてもマスコミの反対で持てないのです。ここにもスパイの働きかけがあると思われます）ノー天気な我が国が、世界各国から「スパイ天国」と嘲笑されるゆえんです。

日本人は食べ物が手に入らない事態に遭遇する

新時代への胎動はすでに始まっています。では、私たちの国・日本は今後どうなるのでしょうか。いま政治は信頼を失って混乱が始まっていますが、今後ますますひどい状態になって、全く国民の信頼を得られなくなるところまで行くでしょう。それと並行して、やがて経済は大不況から恐慌に突入します。

ガンなどの生活習慣病、奇病で突然死する人が増えてきました。地震や富士山の噴火などの天変地異に見舞われる可能性も高くなっています。食糧不足が深刻になり、パニックが起きるでしょう。武装難民に襲われる可能性もあります。そうなれば国の中枢はマヒしてしまうでしょう。

これらの状況が複合的に発生します。先進国のなかでは異常と言えるほど低い食糧自給率でありながら、飽食に慣らされてしまった日本国民は、いずれ食べるものが十分に手に入らない事態に遭遇すると思われます。我が国最高の予言書ともいえる日月神示にも、そのことがはっきりと述べられています。そのとき、人は自分たちがやってきたことの過ちに気づかされるのです。

予言の内容は変えられないのか

予言でいわれてきた「終末の時代」を迎えているいま、予言の意味について考えてみましょう。予言はなんのためになされるのでしょうか。予言された内容を変えることはできるのでしょうか。「こうしたらこうなる」「だから、こうしなさい」という予言はあり得るのでしょうか。

例えば、ある人が「何月何日に飛行機事故で死ぬ」と予言された場合、その日、飛行機に乗らなかったら死なないのでしょうか。あるいは、本人が心を入れ替えたら、その飛行機が落ちないか、落ちてもその人は助かるのでしょうか。予言を知り、人が心の持ち方や行動を変えることによって未来の出来事が変わるのであれば、予言は当たらないことになります。

また、心の持ち方が大切なのはわかりますが、文明の恩恵に与《あずか》っていない未開の地の人や、戦火のなかで今日の食べ物も十分に手に入らない人、あるいは、やっと貧困から脱出するすべを見つけた発展途上国の人に向かって、「物欲や我欲を捨てなさい」と言ったとしても、はたして聞き入れてもらえるでしょうか。第一、その人たちの圧倒的多数は予言そのものに触れることもできない、いわば、予言を信じる、信じないのレベル以前の人たちです。

未来の出来事の起こる時期はわかるのか

出口王仁三郎は獄中にいて、広島に原爆が落とされることを予言したといわれています。それを信じて避難し、被害を免れた人もいたようですが、圧倒的多数の人はその予言を知らずに被災したわけです。出口王仁三郎の予言の内容を聞いたとしても、信用しなかった人がいたかもしれませんが、そもそも予言そのものに触れる機会のなかった人がほとんどでしょう。

その差はどこから来ているのでしょうか。この世に偶然ということはないといいますから、どうしようもない運命なのでしょうか。広島に住んでいなかった人には、もともと予言は必要なかったとも言えます。また、私の知人の父親は、わざわざ当日に限って広島に出かけたために被災し、亡くなりました。予言が間違っていて、その予言を信じたために被災することも考えられるわけです。そういう意味で、無責任な予言は罪が大きいと言えるでしょう。

この「2012年の黙示録」に影響される人は少ないと思いつつも、私がこの内容をオープンにすることを長年ためらってきたのはそのためです。自信の持てなかった部分というのは、「終末の時期はいつなのか」という一点です。さまざまな予言に目を通しましたが、きっちりはずれた「ノストラダムスの予言」にある「一九九九年七の月」や、エドガー・ケイシーの「一九九八年日本沈没」という予言以外に、未来の出来事の起こる時期を明確に示した予言が少ないためです。

ただ、マヤの予言はマヤ暦に基づいて今回の終末をきっちり予言しています。というより、西暦に当てはめると二〇一二年一二月二二日で暦そのものが終わっているのです。私がいまこの「2012年の黙示録」を公表する気になったのは、そういう新しい情報によって、終末の時期に確信を持てるようになったということなのです。

解読された予言は回避できるのか

予言が解読され、予言された未来の出来事が回避されたら、予言そのものが実現しないことになります。その場合は、新たな別の予言が必要になってくるはずです。それなのに、なぜ当初から二つ以上の予言がなされていないのでしょうか。Aならaになる、Bならbになる、Cならcになる、といった具合に……。それとも「必ずAだから、結果はaになる」というように、予言された出来事は起こると決まっているのでしょうか。

この世の中に偶然ということはないといいますから、未来の大きな流れは個人の選択の余地がないほど決まってしまっているという考え方もできます。私たちは日々自分でいろいろな人生の選択をしながら生きていますが、それらは未来の大きな流れを左右することのない範囲内のことであって、未来は最初から予定されていたとおりに現れているのかもしれないということです。前に述べた「アガスティアの葉」の立場に立てば、そういうことになります。

かつて、アメリカのケネディ大統領の暗殺を予言したといわれるディクソン夫人は、いまでは陰の世界政府の手先だったことがわかっていますが、もし大統領が彼女の忠告を聞いてダラス行きを取りやめたらどうなったでしょうか。その後の世界はかなり変わったことでしょう。アポロ計画やベトナム戦争も形を変えていたと思われます。ケネディと気心が通じていた旧ソビエト連邦のフルシチョフ首相も失脚しなかったに違いありません。

しかし、ディクソン夫人の忠告を聞いたにもかかわらず、ケネディはパレードを取りやめることはしませんでした。その結果、暗殺されてしまったのです。自分が暗殺されるかもしれないということがわかっていても、個人には神の計画を狂わせるような未来の修正はできないということでしょうか。未来は完全に決まってしまっているわけではないと思いますが、自分の未来の出来事を聞かされても、人はなかなか信じないように運命づけられているのかもしれません。

ましてや私のようなフツーの人間が、ここで声を大にして終末の到来を訴えても、ほとんどの人はそれを信じることなく、やがて迎える終末のカタストロフィーのときには、そのことを記憶にも留めていないことでしょう。そういう意味では、予言を信じるか信じないかということも、その人の運命であるということができます。

世界最強の国を陰から操作する巨大な力

ケネディ大統領はなぜ殺されたのでしょうか。アメリカ政府は一連の捜査を終えましたが、その内容を二〇三九年まで発表しないと決めました。なぜ発表しないのか、できないのか。大変不可解です。また、なぜ二〇三九年なのかも理解できません。その決定に、アメリカ国民は異議を唱えることができないのです。自分たちが選んだ大統領が、白昼堂々、多くの国民の目の前で殺されたというのに、その真犯人が誰であるか、犯行の動機は何かなど、捜査内容を全く知らされないままに、封印されてしまったのです。世界最強の国の政府をそこまで拘束する大きな力が働いていることにも戦慄を覚えます。

一説によりますと、ケネディ大統領はファティマの予言を知っていたともいわれています。それで、アポロ計画によって月の宇宙人基地を調べるのが目的だったというのです。それが、暗殺によって逆利用され、月には何もないということになったわけです。

今をときめく大統領を白昼堂々と暗殺し、犯人をオズワルドに仕立て上げ、そのオズワルドを取り調べもさせないまま暗殺し、その暗殺犯人さえも殺し、最終的には、ケネディと気心を通じていたソ連首相のフルシチョフをも失脚させた勢力のことを、俗に「陰の世界政府」と呼んでいます。普通の日本人には理解できないことでしょうが、このことを見ても、その陰の世界政府の力がいかにすごいものであるかがわかります。

さらにその後、大韓航空機がソ連によって警告もなく撃墜され、二〇〇人を超える乗客と乗組員全員が死亡しました。その飛行機にはアメリカ上院議員のマクドナルド氏が乗っていたのです。氏は陰の世界政府を構成すると見られるアメリカのロックフェラー一族を徹底的に批判していた人物でした。同じ飛行機に乗る予定だったニクソン元大統領は、何者かによって乗るのをやめるように言われ、難を逃れたという噂もあります。この大韓航空機事件も真相は何一つ明らかにされていません。冷戦下の二つの超大国を裏から操作できる勢力の力がいかに大きいかを示す出来事です。

最近では、二〇〇一年九月一一日、ニューヨーク・マンハッタン島の世界貿易センター双子ビルに、大型旅客航空機二機が相次いで激突し、間もなく二つのビルとも崩壊しました。また、三機目が首都ワシントンDCの国防総省ビルに激突したといわれています。

その犯人は、アフガニスタンのタリバン政権に匿《かくま》われているイスラム原理主義者のオサマ・ビン・ラディンとその配下ということになりました。その瞬間からアメリカは戦時体制に入ったのです。そして、現実にアフガニスタンのタリバン政権に宣戦布告し、崩壊させてしまいました。

ところが、世界貿易センターの双子ビルが倒壊する直前に、その内部で爆弾が爆発する状況を目撃し、耳で聞いたという多数の現場証言が伝えられているとか。

世界最強の国・アメリカを襲い、世界中を震撼させたテロ事件も、見えない大きな力によって仕組まれたものであることが明らかになっています。とてもアラブの一テロリスト組織の手による事件ではなかったのです。関心のある方は『9・11陰謀は魔法のように世界を変えた』(ジョン・コールマン博士・著/太田龍・監訳/成甲書房)をお読みください。

現代文明社会のカタストロフィーは避けられない

地球環境破壊、食糧危機、エネルギー資源の枯渇、人口爆発などなど、人類が抱える問題はとてつもなく複雑で深刻です。化石燃料に代わるフリーエネルギーの開発が進んでいるといわれますが、エネルギー問題さえ解決すればどうにかなるものではありません。そういう超楽観的な考え方をする人がいるのは確かです。

しかし、例えばクリーンな宇宙エネルギーが発見され、実用化されて、今自動車を動かしているガソリンが不要になり、車をつくる工場が石油エネルギーを必要としなくなっても、この増え続ける自動車が引き起こしている社会的問題のほとんどは解決しません。さらに深刻なエネルギー問題として、原子力発電によって生み出されつつある放射能廃棄物の、安全な処理のメドが全く立っていないのです。

問題なのは人の想念(心の持ち方)なのであって、物質世界を規定している人類一人ひとりがその心の持ち方を改めない限り、憂うべき状態は続き、そしてカタストロフィーは避けられないのです。

個人のカタストロフィーは病気や災難という形をとります。地球のカタストロフィーは、地軸の移動などによる大天変地異でしょう。ひところは彗星の衝突がその引き金になるといわれていましたし、さまざまな予言にもそのような記述がありますが、最近では、地球のフォトン・ベルトへの突入が引き金になるという説も有力になっています。もしかしたら、その二つが同時に起こるのかもしれません。いずれにしても、地球の次元アップのためのカタストロフィーは避けられないということです。

《覚醒編》終末現象のなかで私たちは試されるのです

人類のカルマの清算日が近づいている

この終末には、個人が自らのカルマを清算させられるといわれていますが、私たちは人類全体のカルマ、および民族や国家のカルマにも責任を負わされるのです。例えばアメリカ国民であれば、コロンブス以降の入植者が先住民であるインディアンを何千万人も虐殺したカルマがまだ残っていると思われます。先の戦争における我が国の市街地への爆撃や原爆投下、ベトナム戦争やアフガニスタン、イラクにおける罪もない市民の殺戮などによるカルマもあるでしょう。それらのカルマはアメリカ人全体で払っていくことになるのです。

農薬の使用や森林資源の乱伐、核廃棄物などは、人類が自らの手で解決することができない負の遺産（カルマ）となっています。そのカルマは人類全体で払わされます。というより、今すでに部分的に払わされているのです。そろそろ完済すべき期限が近づいています。そのことによって現人類は破産するのでしょうか。それとも無借金に戻って、のびのびと新しい生活を始めることができるのでしょうか。

進化のための「産みの苦しみ」の時代が始まる

今回は地球サイズのカタストロフィーですから、これまでの災害のときとはスケールの違う混乱が予想されます。阪神・淡路大震災のときは全国からたくさんのボランティアの人たちが駆けつけてくれましたが、今回は災害の規模が桁外れに大きいため、他からの援助は期待できないかもしれません。自ら、自分を救わなくてはならないのです。

いよいよこれから世界中が天災、人災の一大展示場になると思われます。地球が大いなる進化を果たすための「産みの苦しみ」の時代の始まりです。これまで人間は死んでも再び新しい肉体を得て生まれてくることができました。しかしながら、これからは地球の人口が激減しますので、新しい肉体への生まれ変わりは難しくなります。

予言のなかには、この三次元の世界で繰り返されてきた輪廻転生は今回で打ち止めになる、といっているものもあります。どうやら、もう私たちは物質人間には生まれ変われないということです。終末のカタストロフィーのなかで、全ての人間がいったんは肉体を失ってしまう(仮死状態になる?)そうですから、波動の粗い人はそのまま幽界的な次元にくぎづけになることも考えられます。この点については各予言ともあまり詳しくは説明してくれていません。おそらく、それを知ることが人類の向上・進化にとってプラスにならないからであろうと思われます。

自分の心のなかが相手に筒抜けになる

新しい時代は隠し事のできない時代になるようです。波動が精妙になるので、心の動きがすぐに伝わってしまうということでしょう。私たち人間も物質としての肉体を脱ぎ捨てますと、波動の精度がアップします。ですから、心に思ったことがすぐに実現したり、また周りにも伝わってしまうということです。言葉も必要ないといわれています。今日知られているテレパシーなどと同じ状態をいうのでしょう。

ですから、新しい時代に向けて次元アップできるのは、自分の心の状態が周りの人に筒抜けになる状態のなかでも無理なく生きられる人、そういう状態こそすばらしいと思える人ということになります。もちろん、現時点では人は誰でも大なり小なり秘密にしたい内容を持っていると思われます。自分の心に一点の曇りもない人、瞬間的にも他人やこの世の中の出来事を疎《うと》ましく思ったり、不愉快に感じたことはない、という人は少ないはずです。ですから、これからいろいろと終末現象を体験していくなかで、私たちは新しい時代に備えて、心の持ち方の訓練をしなくてはならないのです。

宮崎県の幸島《こうじま》に住むサルたちが、次々に芋を洗って食べるようになったのと同じように、私たち一人ずつが新しい時代の生き方をマスターすることによって、あるとき「一〇〇匹目のサル」現象と同じことが起こり、多く人の波長が一斉にレベルアップするに違いありません。一人ずつ気づきを得て、その気づきを周りに広げていくことがとても大切になっています。

これからお金が力を失っていく

終末を迎えて、滅びゆく現代文明の「最後の悪あがき」現象が次々に現れています。まず資本主義経済の崩壊は避けられません。人類の学習材料としては役立ったと言えなくもありませんが、やはり新しい時代には通用しない考え方なのです。

間違いの構図を簡単に述べれば次の通りです。

資本主義は市場の原理に任されますので、競争に勝った者が全てを手にする弱肉強食の世界です。金の力が勝敗を左右します。そのため、金儲けのうまい者が勝者となり、正しいということになります。そして、勝者は権力を得て、自らの論理で世の中を牛耳ることになるのです。現実に、いま世界の富の九〇%は国際金融資本に握られているともいわれています。

このように、富める者はますます富み、貧しいものは力を失って食べる物さえ手に入れることができなくなるという「適者生存」の動物的世界となっています。

このようなお金が支配する社会の崩壊が近づいているということです。これにより現在の社会の支配層は大きな打撃を受けることになるでしょう。しかしながら、経済の崩壊現象は多くの一般の人をも巻き添えにしていきます。老後に備えての蓄えとしていた秘蔵のお金さえも、見事にかすめ取られ、価値のないものにされていくことでしょう。要するに、お金が力を失い、お金を力の象徴としてこの世界を支配していた層が没落させられるのです。

家屋敷が没収される時代の到来か？

私たちが波長を高めるためには、お金やモノに対する執着心をなくすということが欠かせません。それがどうしてもできない人は、ある力によって強制的にそのことに気づかされることになるでしょう。それは、例えば地震などの災害で財産を失うなどの、ある意味では悲惨な形をとるかもしれません。阪神・淡路大震災で家や家財道具を失った人たちのなかに、「余分なモノは必要ないということがよくわかった」と述べている方がたくさんありました。地震で多くのモノを失った結果、「本当に大切なものは何か」に気づかされたということです。

とにかく、新しい時代には所有の概念はなくなると言いますから、モノ、金、地位、名誉など全ては借り物(役割)だという認識を持つことが必要です。いまから、その訓練をしておく必要があります。

教主に天啓があったといわれるある宗教団体が、信者に対して「家や屋敷を手放しなさい」という教えを説いた時期がありましたが、これなどは新しい時代の生き方を先取りした教えといえそうです。ところが、まだ我が国の高度経済成長が始まる前の時代でしたので、その教えは誤解され、「あの宗教を信仰すると家屋敷をとられる」という噂が立って信者が離れることにつながったようですが……。

これからは、家屋敷を没収されてしまう出来事が世界各地で頻発するものと思われます。というより、すでに地震や洪水、竜巻などの天変地異によって、たくさんの人たちが住む家を失いつつあるのです。

心の備えのない人は厳しい試練に直面する

悪循環という言葉がありますが、これからは「悪の拡大再生産」と表現すべき事態が懸念されます。例えば、飽食に慣らされ、また学校での教育、家庭でのしつけ、社会全体の指導が適切になされない状況で大人になった多くの若者たちは、これから終末現象のなかでどのような行動をとるでしょうか。いや、若者に限らず、今日の社会では「我良し（自分さえよければよい）」の人種が増えていると思われます。

かつてのような慎みを失った日本人が、見苦しい「獣性《じゅうせい》」を発揮する姿は見たくない気がいたします。心の備えのない人ほど取り乱し、他を押しのけてでも自分や自分の家族を守ろうという姿を露わにする恐れがあります。聖書の預言のなかには、多くの人はカタストロフィーの直前まで、飲めや歌えやの大騒ぎをしていると書かれています。このような警鐘めいたことを目にし、耳にしても、全く信じることなく、この世（物質世界）の終わりなど夢想だにできないという人は、心の準備が全くできていないため、厳しい試練に直面することになるでしょう。

カタストロフィーの引き金となるのは何か

異常気象により、世界各地で地震や洪水、山火事、竜巻の発生といった現象が多発している状況をみていますと、すでに終末のカタストロフィーの引き金が引かれたのではないかと思ってしまいますが、私はやはり「世界経済の破たん」つまり「資本主義の崩壊」のスタートがその引き金になるとみています。金融大恐慌（ドル暴落）から始まり、ハイパーインフレ、大不況、そして食糧危機へと進むはずです。

気になるのは、終末のもう一方の主役（悪役）である陰の世界政府が、①いつそれをスタートさせるのか、②何をきっかけとするのか、③それに続いて何を起こすのかということです。世界で唯一霊的に澄みきった日本という国を目茶苦茶にするのが彼らの大きな目的のひとつですから、隣国から武装難民が多数押し寄せるような状況をつくり、国土の破壊と略奪などを働くことも考えられます。いま、その準備は九分通り完成しているとみるべきでしょう。

社会の表面には出ていませんが、日本人のなかにも陰の世界政府の手先となって働く者はいるはずですから、終末現象の演出家としてさまざまなシミュレーションを行なっているに違いありません。

隠された事実が明るみに出される時代

新しい時代が近づくにつれて、すでにその時代を先取りしたような現象が次々と起こりつつあります。世の中の波動がどんどん高まっているからです。そのため、これから既存の秩序がますます壊されていくことでしょう。

これから壊れていくもの――まず経済（お金中心の資本主義経済）、政治、治安、そして環境です。また、人の健康もますます壊れていくと思われます。そのことはさまざまな予言に述べられていますが、その全てが実現する時代になったということです。

今日では、我が国でも政治家や企業の不正が次々と明るみに出されていますが、今後この傾向はさらに強まると思われます。最終的には、私たちが「陰謀論」という名で一笑に付すか、考えることを忌避している陰の世界政府に関する事実も、多くの人たちの前に徐々に明らかにされていくことでしょう。この世界を破壊する役としての、〝彼ら〟の役割はいずれ終わります。次は立て直し（建設）役として、日本民族の出番といわれています。が、それまでには一大カタストロフィーが私たちを襲うのです。想像を超える天変地異や、場合によっては核戦争も起こるかもしれません。

そういう混乱を経過して、新しい地球、新しい時代が幕を開けるのです。私たちに必要なことは、そのカタストロフィーを決して恐れないことだといわれています。

カタストロフィーは人類の気づきのために準備される

現代文明の一大カタストロフィー（崩壊現象）が起こると申しましたが、これは自然が人類に復讐するということではありません。人類に気づきを与えるために、そのような働きをするのです。もちろん地球自身の浄化という目的もあります。「人類の集合意識が、自らそれを選択したのだ」という予言もあるくらいです。つまり、人類が新しい時代に向けて次元アップするために、これまで築き上げてきた物質文明の崩壊を、自ら選んだということです。このことにも深い意味がありますが、ここではこれ以上踏み込むことはやめておきます。

要するに、現在始まっている天変地異現象は、人に病気の症状が表れるのと全く同じ原理だということです。重い病気にかかって、初めて人は反省します。健康の有り難さを実感し、暮らし方・生き方の修正をします。病気を通じて気づきを得るということです。

いま人類が集団で重い病気にかかっている状態です。その症状がさまざまな形で現れつつあるのです。病気は人の心が変われば治ります。まもなく起こる地球の一大カタストロフィーは、人類の意識の転換のために準備されたものです。病気を恐れ、取り乱す人にとって、それは死にも値する恐怖と苦しみになるでしょう。しかし、事態を冷静に受け止め、心からこれまでの生き方を反省し、新しい（本当の）生き方に目覚めた人にとっては、それは恐怖ではなく、むしろ感謝すべきこととなります。大変動の後は喜びあふれる希望の時代となるからです。

人類はみんなそろって進化（脱皮）のときを迎えているのです。さまざまな形で地球を訪れている宇宙存在たちも、地球が大きな進化のときを迎えていることを知っているといわれています。

しかし、地球のことは地球人が、そして一人ひとりが自ら気づき、雛が卵を内側からつつくように、自分から外に出る意志を示すことが必要なのです。まさに「そっ啄《たく》の機」（卵からひな鳥がかえるときに、親鳥が卵の内側から発せられるひな鳥からのシグナルを察して、絶妙のタイミングで殻を割ること）の教え通り、自ら外に出る意志を示したとき、宇宙存在や、霊的高次元の存在からの援助の手が差し伸べられるということです。そのためには、やはり今回の終末の意味を理解しておくことがとても大切になってきます。

私たちは極限的状況のなかで何かに気づかされる

これから始まる（おそらく西暦二〇一二年まで続く）「極限的状況」のなかで、私たちはこれまでの人生で価値があると信じてきた多くのものを失うことになるでしょう。そのことを通じて、あることに気づく（気づかされる）のです。

価値があると信じてきたもの、つまり財産や地位や名誉などを、私たちは失うことになります。それらは私たちの意識が引き寄せたものです。それらがいかにはかない存在であったかに、私たちは気づかされることになります。

人によっては、地震や洪水などの天災によって大切な仲間（家族、友人、恋人など）を失うという、大変悲劇的な事態を経験することにもなります。この時点で、まだ人の命がこの世限りだと思っている人にとっては、それは生き地獄ともいうべき悲惨な事態になるでしょう。

しかし、価値あるものを失う前にこの終末の意味を理解できた人は、目の前で繰り広げられるカタストロフィーを恐れたり、慌てたりする必要はありません。私たちはもともと霊的な存在であり、物質の破壊・消滅によって何も失うものはないということが理解できるからです。この終末のカタストロフィーを経験することによって、ちょうど芋虫が蝶になるように、物質肉体を脱ぎ捨て、永遠の安らぎと歓喜の世界へ飛翔するだけなのですから。

そのことに気づき、心から信じられるようになること、つまり悟ることが、新しい時代への準備なのです。

終末現象のなかで人は試される

カタストロフィーというのは、何も天変地異のことだけを言っているわけではありません。人為的な戦争なども考えられますし、最も注目しないといけないのは、一人ひとりの人間自身が生み出す終末現象なのです。例えば、食料が十分に手に入らない事態になったときに、天変地異以上に恐ろしい事態が起こるかもしれません。限られた食料をめぐっての人と人の奪い合い、場合によっては暴力による略奪などの動きです。

人が終末のときに「光の子」と「獣」とに分けられるといいましたが、このときに人は試されるのです。目の前の食料をめぐってどのような態度をとるか。そのとき私たちの心の奥深くに沈殿していたもう一つの心、私たちが自覚していない潜在意識が表面に出てくるのです。この潜在意識に影響を与えるのが、普段の心の使い方、そして言葉、食べ物なのです。

肉食を好む人はどうしても波長が獣と同じレベルになりますから、自分の命を守ろうとする本能が人一倍強く、極限のときにその姿を露わにすることでしょう。私がこの本書を通じて、肉食をやめていただくようにお節介をしているのはそういう理由からです。

これ以外にも、肉食を続けている人は終末現象のなかで必ず後悔することが起きると思っています。確信が持てるようになった段階で、いずれ明らかにする予定ですが……。

「本性を現す」という言葉がありますが、終末の極限的状況のなかで、人は試されるのです。地位や立場が保証されたなかでは悠然と、また慈悲深く振る舞えた人も、それらが失われ、自らの生命の危機に直面する段階になると、心の底に沈殿していた本来の自分が浮き彫りになってきます。「君子は豹変す」が十分に考えられるのです。自分の心の底にどのような本心が潜んでいるかは、平和な時代にはなかなかわかりにくいものです。

それを確かめてみる簡単な方法がありますので、試してみてください。これは実際にアメリカで起こった出来事です。

もう十数年前のことになりますが、トラブルを起こした飛行機が氷の浮いた冷たい川に不時着したことがありました。乗客の数名が沈む飛行機から脱出して川に逃れ、泳ぎながら救助のヘリコプターを待ったのです。やがて救助のヘリコプターから、ひとりの男性のところに縄ばしごが降ろされました。ところが、その男性はいったん手にした縄ばしごを、2度も他の人に譲った後、最後は力つきて沈んでしまったのです。その様子は橋の上からたくさんの人が目撃していたのでした。

さて、あなたはこの男性の行動についてどのように思いますか。「まず、自分が助かることが大事だ」と、男性のとった行動を愚かなことだと感じましたか？　あるいは、「立派な行為だ。しかし、自分にはできない」と思いましたか？　それとも「当然、自分もそうしただろう」と即座に言えますか？　最後の人だけは、間違いなく新しい時代へとジャンプできる人でしょう。これ以外に「そのときになってみないとわからない」と考えた人は、ジャンプできない可能性が高いかもしれません。たぶんそれが平均的な今の日本人の答えでしょう。このようなテーマについて深く考えることをしない、無関心な人が多くなっているということです。

極限的状況のときに、人は仮面の下の顔を見せる

これから（たぶん西暦二〇一二年までに）全ての人がそれぞれの極限的状況を経験することになります。「光の子」になるか「獣」になるかは、それぞれの心の癖によって自らが選択するのです。まず食べ物をめぐって争いが起こるでしょう。買い占めや略奪、ひどい場合は殺人、そして自殺など、人は自らの本性を剥き出しにします。このように、今まで自分が拠り所としてきたものを失う事態のことを「極限的状況」と言います。

財産、名誉、地位、権力、愛する人、健康、……などなどを失いそうになったとき、あるいは失ってしまったとき、仮面の下の顔が白日のもとにさらされることになります。日本全体からみれば局地的であった阪神・淡路大震災でも、そういう仮面の下の顔を見せた人がたくさんありました。次は、当時の新聞で紹介された一例です。

「避難所で食料や衣服を大量に持ち去る人がいて気分がなえる」（高校三年生・男子）

「避難所から様子を見に戻るたびに、家のものがなくなっている。娘が結婚式でつけたネックレス

や隠していた宝石も消えた。地震より人の心が怖い」（主婦・六〇歳）
「家はどうもなっていないのに避難している人が何人もいるんです。何で？　と尋ねると、ここにいたら水はあるし、三食つきやから、って。救援物資で四畳半の部屋がいっぱいになったわ、という人もいて。人間の嫌な面をたっぷり見ました」（主婦・六九歳）
一部のコンビニや地下の商店街がガラスを破られ、なかの商品を盗まれた事件も起きましたが、あまりマスコミでは報道されませんでした。
神戸を中心とした局地的な災害で、全国各地からたくさんのボランティアがかけつけてくれたなかでも、このような人間の弱い面が見られたのです。これが日本全体に広がったとき、人はどのような行動をとるのでしょうか。

肉体生命が助かるということではない

地球がこうなる、人類がこうなる、といった予言はたくさんありますが、個々人がどうなるかを判断できる予言はありません。例えば、日本が沈没したとしても、助かる人はいるはずです。しかし、予言を読んでも、どういう人が助かり、どういう人が助からないかが判断できないので、漠然とした恐怖感を植え付けるだけで、警鐘としての役割をなしていません。

これから天変地異が続発するとわかっても、自分がその被害に遭うかどうかがわからないと実感がわかないでしょう。飛行機事故や交通事故と同じように、自分や自分の身近な人がその事故の当事者になるまでは、全くの他人事でしかないのです。

いま、世界中でこれだけたくさんの天変地異現象が起こっていても、終末のカタストロフィーを暗示するさまざまな予言は飛行機事故と同じようにとらえられているのではないでしょうか。つまり、事故にあった人は気の毒だが、自分には関係ないことだと思われているのです。

しかし、飛行機の事故は飛行機に乗らなければ避けられますが、これから始まる終末の大異変は人類全てを襲うのです。そのとき、助かる人と助からない人はどこで分けられるのでしょうか。そもそも「助かる」とはどういうことを意味しているのでしょうか。

日月神示には「助かる人はどこにいても助かる」と述べられています。逆に、助からない人はどこへ逃げても助からないのです。どうやら、この肉体生命が助かるということではないような気がします。このことの意味が理解できる方は、まず助かる可能性の高い方だと思います。聖書によれば、終末に肉体を持って生きている人よりも、すでに死んで霊界に行っている人のほうが先に救われることになっています。「神の国」がくれば、先にこの世を去って霊界にいる私たちの先祖たちとも再会できることになるようです。

宗教団体に入ると救われるのか

終末現象のなかで、世界の大宗教であるキリスト教や、イスラム教、ユダヤ教といった宗教を信じている人だけが救われるのでしょうか。各宗教は自らの信者に対してそのように教えているかもしれませんが、聖書も日月神示も大本神諭も、そういうことはないとハッキリ述べています。逆に、特定の宗教のドグマに毒された人は、その思い込みゆえに心が柔軟性を失い、低い波動に留まってしまうという預言さえあるのです。

我が国には、新興宗教を含めてたくさんの宗教団体がありますので、その一つひとつを審神《さにわ》することはできませんが、発足時の教主の教えが曲解され、誤って指導されている団体が多いように思います。団体によっては、現世利益を売り物にし、また指導者たるべき幹部層が、世俗的な野心と欲望に満ち満ちているものが見られます。例えば、次のような特徴を持つ宗教団体は要注意です。

1　これから終末現象のなかで価値を失っていく「物質的繁栄（お金持ちになれる）」や「社会的地位の向上（いい学校に合格する、いい会社に入れる、出世できる）」などの現世利益を売り物にしている宗教。このような宗教は、物質欲や虚栄心を強めることになり、人々の気づきを妨げる恐れがあります。その点で大変罪が重いと言えるでしょう。

2　何らかの形で終末の様相を独自に分析し、その恐怖を誇張して、生き残るには自分たちの宗教を信じる以外にない、と救世主であるかのように喧伝する宗教。かつて有名になった宗教団体もありますが、世界各国でこの種の宗教団体は後を絶ちません。終末を売り物にして信者を集めようとする宗教団体は要注意です。

予防注射の意味を知っていると痛みに耐えられる

終末現象が身の回りで起こり始めると、多くの人は恐怖にかられるでしょう。まずは命を失う恐怖に襲われます。死後の世界についての知識のない人は半狂乱になるかもしれません。しかし、死後の世界について予備知識を持ち、また今回の終末現象の意味がわかっている人は、それほど取り乱すことはないはずです。

それはちょうど私たちが子供のころに予防注射を打つときの状態に例えられます。注射の意味を聞かされていなければ、あの鋭い針を肌に差し込まれることには大変な恐怖心を覚えるはずです。しかし、逆にそのことで病気から守られるのだと知らされていれば、一時的な痛みにも耐えられます。

この例えのように、「終末」の意味を知っていることは非常に大切です。そして、そのためにこれからどのような心の準備をしていけばいいのかがわかっていれば、まさに万全です。粛々《しゅくしゅく》と終末現象を眺めていけるはずです。

カタストロフィーを目の前にして取り乱さないこと、死の恐怖にかられないことがとても大切なのです。私たちが、どのような心理状態で死を迎えられるかが、その後の世界を規定するといわれています。死ぬときの波長が次の世界を決めるのです。恐怖心に覆われたマイナスの波動のまま物質世界を離れることになれば、次元アップした高い波動の世界の住民になることはできないのです。

あなたはどのような死に方をするのか

病気、事故、天災、戦争、——何が原因となるにせよ、人の死に方は、その人がどういう生き方をしてきたかを示す履歴書です（人生の表情が表れます）。死の瞬間の心の状態が死後の世界（霊的世界）の状態を決めるのです。恐怖、後悔、未練などから心を解放し、感謝、喜び、希望の気持ちで人生を締めくくることが大切です。死ぬときにどういう波動を発するかで次の行き先が決まるのです。我良し（自分さえよければよい）の動物的波動では地獄的世界へ行ってしまいます。

また、霊的世界に対する理解がなく、死ねば終わりといった考え方をしている人も波動の高い世界には行けません。ということは、次元アップした新しい地球の住民にはなれないということです。この終末を起点として、地球は大きな進化を果たし、地獄的波動の世界はなくなるといいますから、波動の粗い人はその人に合った粗い波動の他の星へ移り住むことになるでしょう。この地球で生を共にした仲間とも別れることになるかもしれません。

「みんなで死ねば怖くない」と強がりを言っていても、誰もが眠るように死ねるわけではありません。また、同時に死ねるとは限らないのです。愛しい人の死を目の当たりにして、自分にも死の影が迫りつつあるという恐怖に駆られるなど、文字どおりの生き地獄を味わうことになってしまう恐れがあります。

このように、終末現象という予防注射の意味を知っているか知らないかで、大きな差がつくのです。別に恐怖心を煽りたいわけではありませんが、そのことを後回しにしたり、高をくくったりはしてほしくないと思います。

人よりも一歩早く、自分で足を踏み出すこと

人類はこの先「光の子」と「獣」に分けられるといわれています。いま人類の二極分化が進んでいるのです。最終的に人間は神様の分身、つまり「神の子」ですから、いずれは全てが気づきを得て救われる、つまり進化への歩みを止めることはないと思いますが、今回の地球の次元アップで全ての人間が一緒に次元アップするわけではないようです。つまり、物質地球という学校を卒業できない人がいるということです。ひょっとしたら、私やあなたも「落第組」ということになるかもしれません。

落第組となる「獣」とは、我欲、物欲を手放すことができず、霊性を高められなかった人たちです。新しい時代には、どれだけ高い地位についたか、どれだけ富を蓄えたか、どれだけ名声を博したか、などは全く意味をなさないどころか、そのことに執着する念はマイナスとなります。どれだけ他に与えたか、他を幸せにしたか、世の中に貢献したかということが、「光の子」となるための大切な指標になるのです。

それがわかれば、今ならまだ「光の子」しか乗れない新時代行きの列車に間に合うかもしれません。この文章に出会ったあなたは、その列車の切符の買い方は理解できたはずです。

しかし、実際に切符を購入し、改札口を見つけ、ホームを間違わずに列車に乗り込むことができるかどうかはあなたの決断にかかっています。もちろん、そうしなかったことによる結果の責任もあなた自身がとらされることになるのです。

気づきは自分に任されています。他人はだれもそれを強制できないからです。というわけで、「ノホホン」と「ノー天気」では新しい時代に向かうことはできないということです。人よりも一歩早く、自分で足を踏み出すこと――、それが進化のための切符を買うということなのです。周りの誰もが動き出してから、付和雷同的に追随して動くということでは、新しい時代への招待状は手にできないと思います。この意味、ご理解いただけますか?

一四万四〇〇〇人の真人が人類を導く

一般にはあまり知られていませんが、『人類は生き残れるか』(浜本末造・著/霞ヶ関書房)という本に「但馬《たじま》神示」という予言が紹介されていて、そのなかに次のような記述があります。

「次の世に渡るには真人が十把一からげにして連れてゆけ。それが真人の役じゃ」
「真人達神人合一の者は十四万四千人でよい。この者が世の人を導くのじゃ」

この一四万四〇〇〇人という数字は聖書のなかにも出てきます。その意味するところの解釈は、これまでの予言の解説を読んでも不十分です。「一二万人が日本にいて、あとの二万四〇〇〇人が世界に散らばっている」と霊視した人もいますが……。

すでにその人たちはこの世に生を受けているということです。俗に言う「悟りを開いた人」を意味するのだろうと思います。この世的な欲望や執着心がなく、神のような心を持ちながらも、普通の人々を感化し、新しい時代の入り口へと導く使命感に溢れた人のことをいうのでしょう。その人たちがすでにそのことを自覚しているかどうかはわかりませんが、その人たちが存在することによって、「朱に交われば赤くなる」という波動の法則によって、周りの多くの人たちが新しい時代に向けての次元アップを果たしやすくなるのだと思っています。

私も、大半の人は日本人やアメリカインディアンのなかに散りばめられていると思います。その人たちは物欲も名誉欲もないに等しい人たちですから、今日の社会で有名であったり、地位の高い人ではなく、むしろその逆である可能性が高いはずです。いずれにしても、その人たちがこれから存在感を高め、多くの人を導いてくれるということです。ちょっとワクワクする話ですね。

ＵＦＯの救いを期待する気持ちは間違い

終末のギリギリになると、宇宙人がＵＦＯに乗ってやってきて、地上の人間を救出してくれるという考え方をする人がいます。そのほとんどが、宇宙人を名乗る存在からのメッセージとして伝えられたもののようです。これもある意味では終末現象といえるでしょう。聖書にもそれを意味するようなことが書かれています。そもそも、聖書自体が進化した宇宙人からのメッセージと見ることもできるのです。

終末の大天変地異が起こる前に、宇宙人が地球の動植物を新しい地球の種として、人類と一緒に宇宙船に積み込むとまで言っている人もいます。宇宙人もご苦労なことです。地球の生態系を維持するのに必要な小さな動物、川や湖にしか生息しない生き物、それに細菌やバクテリアなどをどうやって宇宙船に積み込むのでしょうか。この期に及んで、なお物質次元の「種」にこだわらなくてはいけないという考え方には疑問を感じます。

日月神示には、「新しい地球は半霊半物質になる」と述べられています。地球上のあらゆる物質が次元アップして進化するということでしょう。ですから、意識の転換ができず次元アップできない人間の肉体を救っても、新しい地球には生きられないはずです。それとも宇宙人が強制的に次元アップをしてくれるのでしょうか。それこそ宇宙の法則に反する行為でしょう。

また、「地球のことは地球人がやる」と言いながら、結局は動植物も含めて宇宙船に保護してもらうというのは、どう考えても矛盾しているのです。

ＵＦＯの救いを期待するような人間を、進化した宇宙人は救うことはないでしょう。それはメシア待望論と同じで、そういうものを頼りにする主体性のない人は、まだ物質地球で学ぶことがたくさんある証拠です。依存心が強いということは、自分が神の分身であるという自覚を持てないということであり、悟りが低いということです。

終末はユダヤが破壊役、日本が建設役

世界のひな型である日本が、これから始まる地球の次元アップのカギを握っています。私たち日本人が心の持ち方を改めなくてはいけないのです。そのことによって地球の次元アップがスムーズに行なわれ、人類が救われます。

日月神示などの日本の予言には「ユダヤが破壊役（立て替え）。日本が建設役（立て直し）」といった意味のことが述べられています。「ユダヤ」というのは「ユダヤ思想」という解釈がされていますが、予言のなかの表現は「イシヤ」となっています。これはフリーメーソンのことを意味していますので、今日の世界を陰から支配し、人類の大量殺戮と家畜化を目論んでいる陰の世界政府のことを意味していると思われます。

ユダヤ思想は物質文明の象徴として、西欧社会を支配してきました。日本の神道（宗教組織としての狭義の神道ではなく、神ながらの道のこと）は精神文明の象徴として、東洋思想の源となっています。

日本人が古来の思想（この世界の全てのものに神が宿っているという考え方）に立ち返るとき、世界は救われるということです。宇宙から地球に来ている進化した存在も、応急措置的に援助してくれるかもしれませんが、地球のことは地球人が自らやらなくてはいけないのです。それは、親や兄姉が幼い子供の宿題をやってあげても、その子供の学力はつかないから意味がないということと

同じです。

もし援助するとしても、転んだ子供に「あなたは強い子だから、自分の足で立ちなさい」と声をかける親の役と思ったらよいでしょう。抱き上げてしまうのは神の心ではないのです。そういう意味では、宇宙船やUFOの救済を期待して自ら向上する努力を怠る人は、まだ次元アップの機は熟していないとも言えます。

サタンの最後の標的は日本

すでに述べてきましたが、ケネディ大統領の暗殺も、旧ソ連による大韓航空旅客機の撃墜も、陰の世界政府の指示によってなされたものです。その陰の世界政府を支配している勢力の頂点にいるのは「サタン」だといわれています。日本人にはなかなかなじめない言葉ですが、邪悪な霊的存在を意味します。聖書のなかでは「ルシファー」という名前で呼ばれ、終末に活躍することが予言されています。いま、まさにその通りのことが起こりつつあるのです。

ケネディ暗殺の後、犯人とされたオズワルドは移送中、ナイトクラブ経営者のジャック・ルビーという人物に射殺されました。逮捕からわずか二日後のことです。このような重要容疑者が群衆のなかを徒歩で護送されるなど無警戒すぎ、常識では考えられません。暗殺してくださいといわんばかりの扱い方です。

その後、事件の証言者や取材記者、真相究明に乗り出した人など約二〇〇人が次々と殺害され、また行方不明になったといわれています。真相究明のためにつくられた政府のウォーレン委員会の報告は、新大統領ジョンソンの命令で二〇三九年まで公開されないことになりました。

今をときめく大統領をわざわざ大衆の面前で殺害し、その真相を全く非公開にしてしまえるだけの力を持つ勢力の力には度肝《どぎも》を抜かれる思いがします。それを「陰の世界政府」と呼ぶならば、アメリカはすでにその陰の世界政府による支配が完了しているといえるのではないでしょうか。

それにしても、世界一豊かで落ち着いていたアメリカ社会が、あんなに退化してしまったことを不思議に思いませんか。殺人、レイプ、麻薬、など、凶悪犯罪のオンパレードです。西部劇に出てくるような、のどかでおおらかなアメリカ人はだんだんいなくなりつつあるようです。これは全て陰の世界政府が意図的・計画的に行なってきたことなのです。

それと同じことが、特に戦後我が国でも計画的に実行に移され、日本人と日本社会は乱れてしまいました。誤った個人主義と権利意識が植え付けられ、お金が全てを牛耳る社会になってしまいました。いまではアメリカ顔負けといってもいいような、陰湿で凶悪な犯罪も次々と起こるようになっています。

終末現象のなかではアメリカの没落はそれほど大きな意味を持ってはいません。地球（世界）の生まれ変わりのカギを握るのは日本なのです。それも、アメリカナイズされた今の情けない日本でなく、本来の日本（大和の国）です。それを阻止するために、サタンは霊的に澄みきった日本の国土と言葉を汚すことを狙っているのです。その手先となっている陰の世界政府は、最終的には日本の破壊によってこの世界の支配が完了すると考えているようです。サタンの手先とみられるフリーメーソンのバッヂは、世界地図を背景に蛇が舌を出して日本の国を飲み込もうとしている図柄となっています。日本を人類支配のための最終目標にしていることがわかります。

日本はなぜ狙われるのか

サタンが日本を狙う理由は、日本が世界のひな型となっていることを知っているからです。日本が乱れると世界が乱れるのです。地形的にも日本は世界の縮図のようになっています。九州がアフリカ、本州はヨーロッパ・アジア、北海道は北アメリカ、四国はオーストラリア、それに日本と関係の深い台湾が南アメリカに対応しています。富士山の位置にヒマラヤ山脈があるところもピッタリです。しかも、気候までが不思議と対応しているのです。

いま、アメリカという国を使って日本人を骨抜きにするという巧妙な計画が、いよいよ仕上げに入ったということでしょう。ペリーの来航から始まった日本侵略のたくらみは、先の戦争で国土と社会を徹底的に破壊しつくしました。あと残るのは日本人の民間信仰の対象となっている神社仏閣の破壊ということになると考えられます。日月神示などの国産予言では、最終的には神社の建物もとことん破壊されると述べられています。

日本という国を徹底的に破壊し、国民の信仰の対象もズタズタにしてしまおうということでしょう。霊的世界から日本を守護している「結界」を破らないと、日本の破壊はできないのです。しかし、逆の見方をすれば、それだけ日本という国を恐れているということです。サタンのやることも所詮は神の掌《てのひら》での出来事です。結果的に物欲の生き方(経済至上主義)を人々に反省させる役割をするのです。そのような地獄絵図をみるときまでに、「光の子」はそれを悟りますが、「獣」は恐怖心にかられて取り乱すことになるでしょう。

日本の予言には「神一厘《りん》のシナリオ」という表現があります。最後の最後に神の力がサタンを破り、次元アップが行なわれるということです。しかし、多くの日本人はそれまでに大変な苦難を味わうことになるようです。神の力が発動されるのは九分九厘まで日本が破壊された後、ということになっているからです。あなたはそのような苦難に耐える自信がありますか?

「日本は闇の世界政府に支配されている」という意味

ユダヤというと一部には悪の代表のように見る向きが相変わらずありますが、言うまでもないことですが、ユダヤ人全てが悪いということを意味しているわけではありません。ユダヤ教を信じる人――というより厳密にはシオニストと呼ばれる人たち――の一部が、どうやら世界を陰から動かしている力、つまり陰の世界政府といわれる人たちに加わっているようなのです。(他の善良なユダヤ人の名誉のためにも、あくまで一部だけだということは明らかにしておく必要があるでしょう)

この人たちは世界のカタストロフィーを待望しています。大破局の後にメシアが現れて、ユダヤ人だけが選ばれるという聖書の予言を信じているからです。それを実現しようと画策しているのです。バーコードに、聖書の予言にある不気味な数字「六六六」を入れているのも、意図的・計画的です。日本の財務省も今は完全にこの勢力に握られているようです。最高額のお札に福沢諭吉というフリーメーソンの人物を載せているのはあまりにも露骨な気がしますが……。

五千円札をご覧いただくと、裏面は富士山の図柄になっていますが、それが水に映った姿は、上の富士山とは思えない不思議な絵になっています。全く別の山のようです。これは一説にはイスラエルにあるシナイ山（ムーサ山）だといわれています。

このことが何を意味するかと言いますと、私たちがいつも目にするお札の図柄そのものも、外部の勢力によって決められているということです。つまり、陰の世界政府——国際金融資本——に牛耳られているということの証明なのです。

さらに、表面に載っている天皇家の菊のご紋は、なぜか真っ二つに切り離されて、その間に、日本銀行の「日」が図案化されて置かれています。我が国の中央銀行を支配するグループが、「皇室をも恐れない」という暗黙の意思表示をしているとも受け取れます。

左下の地球は楕円形になっていますが、これも不思議な絵です。中心は太平洋になっていて、日本は左側に寄せてあるのです。どこの国のお札なのでしょうか。気味の悪い話ではありますが、日本がこのように外国の勢力に牛耳られてしまうことも、日本の予言にはちゃんと書かれています。日本は陰の世界政府によって、とことん踏みにじられるのです。

しかし、ご心配なく。最後の最後では大丈夫なのです。私もこれ以上の深入りをすることには身

水に映った姿はシナイ山？

菊のご紋が「五千円」で分断されていることに注目。楕円の地球はなぜか太平洋が中心！

の危険を感じますので、この程度に止めておきます。このような〝真実〟を確認するまでに、情報源として一〇〇冊に及ぶ書籍を参考にいたしました。

私たちの意識は地球とつながっている

いま、私たちと同じ生き物である地球の自然治癒力が、天変地異を引き起こしています。その病気の原因は、人類の「悪想念」です。実は私たち人類の集合意識と地球の意識はピッタリつながっているのです。人間の意識の総和が地球の意識に影響し、それが現象として現れたものが天変地異現象というわけです。

「一念三千」という言葉があります。この宇宙に存在するものは全てがつながっているため、私たちの思ったことは三千世界に伝わって影響を及ぼすということです。「三千世界」とは次元の違う世界も含むということで、「宇宙の隅々まで」という意味でしょう。

科学の世界にも「バタフライ効果」という言葉がありますが、蝶がこの空間を振動させるほどの小さな動きでも、その影響は宇宙全体におよび、宇宙の果てで何かが起こるだろうといわれています。静かな湖に石を投げ込むと、その波紋がどこまでも広がっていくのと同じイメージです。宇宙に存在する物は全てつながっているのです。

ということは、私たち一人ひとりの心の動きが地球に影響を及ぼしているということですから、その心の状態つまり意識を高めていくことが、いま非常に大切になっているということです。意識を高めるとは、まず地球に対する感謝の気持ちを取り戻すこと、そして、これから迎える新しい時代に対する期待の気持ちをふくらませることです。地球も私たちも新しく生まれ変わり、素晴らしい時代がやって来ることを信じることです。そのことが地球自身の覚醒を早め、生まれ変わりをスムーズにしてくれるのです。

終末においてサタンにはどのような役割があるのか

今回の終末のもう一方の主役を演じるサタンの存在と、その役割について考えてみましょう。この物質地球を破壊に導いたのは西欧文明ですが、それを裏から導いたのがサタンと呼ばれる霊的存在だと見られています。この世の中では「陰の世界政府」として世界の頂点に君臨し、アメリカをはじめ世界の主だった国の政治（権力）と経済（マネー）を思うように動かせるだけの力を持っています。彼らはオカルトに通じており、サタンに指導されていると見られているのです。その最大の目標は地球を支配すること、そのために人類を奴隷化することです。その体制はほぼ完成しつつあると言えるでしょう。

世界の政治、経済、マスコミ、エネルギー、食糧、科学、医療、宗教、軍事、警察権力、秘密諜報組織、などは彼らの意のままに操ることができるようになっています。いま表舞台に出ている大国の大統領や首相といった人たちが現実の世界を動かしているわけではありません。彼らはいわば操り人形、つまり使用人なのです。その雇い主は決して表舞台には顔を出しません。

彼らはおそらくこれから地球の次元アップが起こることも、ある程度は知っているに違いありません。神の計画や、宇宙存在のこと、あるいは地球に近づいている彗星のことなども……。

そういう事実から大衆の目をそらし、攪乱《かくらん》するために、最後の悪あがきをしているように思えます。予言によると、神界ではすでに結論が出ていて、サタンはこの終末において霊的に封印されるようです。俗な言葉で言えば、再び地獄の釜にフタがされるということです。人類を惑わすサタンの動きが封じられてしまうということです。

そこで、サタンは人間を道連れにするために、神を信じない人間、あるいは深く考えることのできないノー天気な人間を増やそうと必死になっているのです。蛇足ですが「私は○○宗教を信仰しているから大丈夫」という人は、ここでいう「神を信じない人間」に入ります。「自分は神の分身である」という事実に気づかず、物やお金、名誉、地位、助けてくれる神様・仏様、……など外にある力に依存する人は、神を信じていない人になるのです。

法華経のなかにも繰り返し出てきますが、人は自分のなかに最初から「仏性（仏の心・仏の力）」を持っていることに気づかず、力を外に探し求めているために「煩悩」という迷いの世界に入ってしまったのです。自分のなかに最初から神の力、神の心が宿っていることに気づくこと、これがこの終末において最も大切なことなのです。

サタンはそれをさせないように、あらゆる誘惑と脅しによって、人間の心を惑わせようとしてきます。これが「試される」ということの意味なのです。サタンにも役目があるといわれますが、それは人間を誘惑したり、脅したりして「試す」役割があるということです。

終末を彩る二つのシナリオが進行している

このように、新しい時代の実現に向かって二つのシナリオが同時進行しているのです。一つは神のシナリオ、そしてもう一つはサタンのシナリオです。そして、おそらく西暦二〇一二年一二月二二日に大団円《だいだんえん》を迎えることになるでしょう。そのときまでに、人類は神人（光の子）と獣（闇の子）に分けられてしまいます。

神に近い心を持っている人は、より神に近づき、サタンに近い心の持ち主はサタンの餌食となり、進化が遅れるでしょう。今回の地球学校の学びでは卒業できないということです。しかしながら、もう物質次元の地球には住むことはできませんから、幽界または波動の粗い他の惑星に移されるか、最悪の場合はサタンのお供ということになるかもしれません。

ここのところはどの予言にもあまり詳しくは触れられていないのです。それを教えることが、必ずしも人間の進化に役立たないからということかもしれません。小さな子供に「お行儀よくしないと、縄で縛って押入れに閉じこめるよ」と脅せば、子供はおとなしくしてくれるでしょう。しかし、それは体罰を恐れてすることですから、子供の成長や気づきにはならないのです。そういう意味では、罰の内容を強調する予言はサタン系列からの発信であろうと思います。本当の神様は罰を与えて人を導くことはしないのですから……。

サタンは人類に気づきを与えるために悪役を演じている

サタンは「一〇〇匹目のサル現象」の原理を知り抜いているに違いありません。ですから、人類が「自分は神の分身である」ということに気づかないように、そして恐怖心からマイナスの想念を出すような手の込んだ仕掛けをいろいろとやってきます。

この世界でも、パチンコや競馬などのギャンブルに溺れて生活を破たんさせ、借金に追われて自殺をしたりする人がたくさん出てきています。一見、サタンが人間を破滅させるために誘惑しているように見えますが、実はこれこそ神の働きなのです。神は人間がそういう誘惑に負けず、途中からでも気づきを得て立ち直ることを望んでいるのです。だからあえてサタン的な誘惑を見過ごしているということが言えますし、より広い視野から見れば、それもみな神の掌の出来事なのです。

物につまずいて転んだ子供を、行って抱き上げるのでなく、自分の足で立ち上がることを望んでいるのです。その痛い経験をすることによって、その子供は、次から同じような物でつまずかないためにはどうすればよいかということを学びます。そして、自分の足でちゃんと立ち上がれたことで自信をつけることにもなるのです。

そういう意味ではサタンも神の働きなのです。人類に気づきを与えるために、そのような悪役を演じていると見ることもできます。もちろん、神様は人が背負いきれないような試練は決して与えないといわれています。この終末のカタストロフィーも、人がこのような神の意図に気づきさえすれば、決して悲惨な姿ではないのです。私が終末を「産みの苦しみ」現象という意味はそこにあります。

サタンは人間を使って終末を演出する

サタンが、神にも匹敵するそのスーパーパワーで人間を震え上がらせ、ひざまずかせることぐらい簡単なような気がするのに、それをやらないのはなぜでしょうか。それともやれない事情があるのでしょうか。

実はあるのです。それは「この世のことは人間がやる」というきまりだからです。これが宇宙の大法則なのです。サタンといえども、この世のことは、この地球のことは、人間を使ってやるしかないのです。人間を粗い波長にさせ、その波動に同調することによってしか、この世に介入することはできないということです。ということは、人類がサタンに同調するような粗い波長にならなければ、サタンの介入する余地はないということになります。

地球の、この次元のことは人間が決めることですから、サタンは地球の主役であるその人間をそそのかすしか方法はないのです。終末にサタンが派遣するといわれるマイトレーヤという救世主や、今日世界各地でなされている聖母預言などは、その手段のひとつとなっています。

サタンも未来が見えているはずです。次元アップした地球には住めないことがわかっていますから、せめて道連れをいっぱいつくろうと、最後の悪あがきをしているのです。サタンのエネルギー源は人類の悪想念だといわれています。怒りや恐怖の念はサタンの大好物なのです。

サタンは人間がそのようなマイナスの想念を出すように、いろいろ働きかけをしています。ということは、人間がそのようなマイナスの想念を出さなくなれば、サタンの息の根を止めることができます。そして初めて地球と人類の次元アップの完了ということになるのです。

月や火星にも人は住むことができる

サタンに導かれた陰の世界政府の人たちは、地球の次元アップのときに自分たちの住む世界がなくなりますから、この物質地球から脱出して、月や火星などに移住しようという計画を持っています。超極秘で進められていますから、なかなか情報は漏れてきませんが、すでにその準備は完了しつつあるようです。これが「第三の選択」と呼ばれているものです。

月にも火星にも人が住めることはわかっているのですが、そのことは意図的に隠されてきました。月にはすでに先住民がいるといわれています。ＵＦＯの基地もあるのです。それを陰の世界政府は隠しています。なぜ隠しているのでしょうか。隠さなければならないのでしょうか。

それを公表すると宣言したケネディ大統領は、その直前にダラスで銃弾に倒れました。わざわざ国民の目がテレビに釘付けになっているパレードのなかで、白昼堂々と暗殺されたのです。しかも、事件の真相は明らかにされないまま封印されてしまいました。これを見た政治家たちは、陰の世界政府の力に怯えたことでしょう。それ以後は、アポロ計画もすぐに中断されてしまいました。

ここで陰の世界政府の正体を暴くのが目的ではありませんから、このくらいにとどめておきます。要は、月にも火星にも人は住めるということだけは記憶にとどめておいてほしいのです。そして、すでに先住民がいるということは知っておいていいと思います。火星まで短時間で行くことのできる地球製の航空機（ＵＦＯ）はとっくの昔に開発されているのです。これが「第三の選択」の真相です。地球はすでに取り返しがつかないほど汚染されていることを、陰の世界政府に関係する人たちが知り尽くしているという証拠でもあります。

陰の世界政府は、地球上の富と情報を独占しています。月の基地、火星や金星など惑星の状態（人が住めるということ）、地球の現状（環境破壊の深刻さ）など、われわれに知らされない事実を情報として独占しているのです。そのうえで、終末現象として聖書のシナリオにそったカタストロフィーを演出し、人類を大量殺戮し、また奴隷化しようとしているのです。

《希望編》「光の子」を目指すための、あっと驚く確かな処方箋

「光の子」になるための条件とは

いますでに始まっていると思われる終末現象のなかで、これから私たち人類は「光の子」と「獣」に分けられると予言されています。我欲に満ち、物質世界の享楽を手放すことのできない人は、獣的人間となって、次元アップした新しい地球に住むことはできないといわれています。

それで結構と思う人は、いまさら新しい気づきを得るために努力をする必要はありません。そのような人たちは、これからの終末現象のなかでは、身の回りに権力やお金、財産、地位を引き寄せるだけでは不十分で、天変地異や戦争などに備えて強固なシェルターなどをこしらえ、身を守る努力をする必要があるでしょう。

しかしながら、今回の終末のカタストロフィーでは、物質で固めた強固な城がまたたく間に崩壊していく姿を目にすることになります。備える内容が違っているのです。そのときに気づき、後悔しても、もう遅いかもしれません。それまでに気づきのチャンスは繰り返し与えられているはずですから……。

というわけで、ほとんどの人が「光の子」として選ばれることを願うと思われますが、そのときに大切なことは「これまでどんな生き方をしてきたか」ということより、「今どんな生き方をしているか」です。私たちのこれまでの生き方が惰性となって、現在の生き方に大きく影響しているのは確かですが、ここで勇気を持って価値観の転換をはかるならば、「過去」は「現在」を束縛することはできないのです。なぜなら、私たちには「今」という時間しかないからです。「今」を変える決意さえあれば、「過去」は私たちの生き方に干渉することはないのです。

ただし、過去に犯してきた過ちに気づき、その過ちを軌道修正する決断は必要です。無反省であってはいけないわけです。

例えば、習慣的な喫煙癖をやめようと思う場合、これまで喫煙してきた期間の長さは全く関係ありません。二〇年も飲み続けたからやめにくくて、五年しか飲んでないからすぐやめられる、ということはないのです。いま、喫煙癖とさよならすることを決断すれば済むことなのです。ただし、これまでなぜタバコをやめられなかったのかということについての反省がなければ、一度やめたとしても、喫煙癖はすぐに復活します。

私はこれを「一本の誘惑」と呼んでいます。

タバコをやめることにチャレンジした人たちが、一カ月あるいは一年後に、再びタバコを吸い始めるようになる一種のパターンがあるのです。それは、「一本ぐらい吸っても、もう大丈夫だろう」という気持ちで心を許してしまうことです。これが「一本の誘惑」です。

確かに、一カ月もタバコをやめた人が、途中で一本を吸ったとしても、翌日からすぐに喫煙癖が復活するわけではありません。それから一カ月くらいは無理なく禁煙が続けられるのです。そうやって安心させておいて、またしばらく経つと今度は二回目の「一本の誘惑」がやってきます。このときは、前回成功した経験もありますので「一本くらい吸っても……」という安心感はさらに強くなっています。つまり、誘惑に対するガードが甘くなっているということです。こうやって、二本が三本に、そして、いつの日か元に戻ってしまうというパターンが巧妙に準備されるのです。こういう形で、私たちが「誘惑に強いか、弱いか」ということについての判定がなされてしまいます。「タバコ」を「ケーキなどの甘い食べもの」「お酒」「セックスへの耽溺《たんでき》」「ショッピング癖」など、その他のものに置き換えてみてください。あなたにも何か当てはまるものがありませんか?

そのような物質次元のさまざまな誘惑にうち克つ心を持てるかどうかが、新しい時代行きの切符を手にできるかどうかを判断する基準になるのです。

「光の子」になれないのはどんな人か

各予言の内容から判断しますと、「光の子」となって新しい次元に行けるのは人類の一割～三割程度かもしれません。予言によっては一%ぐらいだと言っているものもあります。特に、次のような人は「光の子」になれない可能性が高いと思われます。

①「人生は一回限りだから、好きなことをやって、楽しんで死ななきゃ損」という考え方で生きている人。

②霊界や異次元などの神秘な世界の存在を認めず、科学で全てが解決・解釈できると考えている人。(そういう人は死後の世界を信じることができないので、死ぬことを非常に恐れる)

③　お金や権力、名誉などに対する執着心が強い人。

④　何事に対しても感謝の気持ちが少なく、いつも不平不満を口にし、他人や世の中の悪口ばかり言っている人。

それから、「⑤習慣的に肉食をしている人」も波動が大変粗くなっていると思われますので、新しい世界に行くのは難しいと思っています。たぶん、体内に蓄積された牛や豚など高等動物の波動は、終末ぎりぎりの次元アップのときには体を内側から焼くような熱となって、大変な苦しみの原因となるはずです。

牛や豚も人間と同じように意識を持っていて、自分たちが殺される前にそのことを察知しているといわれます。ですから、殺されるときの恐怖の念が体内に蓄積されているのです。その肉を習慣的に食べる人には同じ恐怖心の波動が蓄積されていくことになります。

日月神示が肉食を強く戒めているのはそのためだと思います。「感謝をして食べれば、悪い波動も消える」という人もいますが、それは食べることを前提とした身勝手な理屈です。食べられる側の立場を全く考慮に入れていない考え方と言うべきでしょう。

予言のなかにも「火水伝文《ひみつつたえふみ》」のように肉食を容認するものもあります。私はこの予言そのものがいかがわしいと見ています。そもそも出口王仁三郎が「自分が死んだ後にとどめの予言が出てくる」と予言して出てきた日月神示のそのまた後から、よく似た内容の予言がのこのこ出されてくるのが不自然なのです。

この予言は、一九九〇年代のある日、東京杉並区に住むある男性の目の前に、本人にしか見えない文字が突然浮かび始め、やむなくそれを書き留めたものだといわれています。私もこの予言の解説書に目を通しましたが、採用する気になれませんでした。

この章の結論として、やはり「肉食は戒めるべきである」というのが私の考えです。

仏教は最先端科学の内容をすでに知っていた

宇宙は波動で構成されていて、異なる振動数（周波数）の世界が何層にも重なり合って存在しているということでした。そのことは今日の最先端科学が明らかにしていますので、ここで素人の私が解説するまでもありません。

驚くべきことに、それと全く同じ意味のことが、仏教のエッセンスといわれる般若心経にしっかり述べられているのです。私は仏教に関しては解説書をかじった程度の知識しかありませんが、般若心経の解釈については、「これしかない」という確信を持つに至りました。

般若心経のなかで最も有名なのは「色即是空、空即是色」という言葉です。この「色」は物質や現象のことを意味しています。しかし、例えばこれを「物質は空である。空が物質である」と解釈しても、何のことか理解できないと思います。仏教の世界にいる人たちの解説は、ここでつまずいてしまうのです。「空」を「無」に近いものと解釈しているからです。「物質はあるようにみえるけど、時間が経つとなくなる不安定なものだ。だから執着してはいけない」といわれれば、何となくわかったようで、それでも釈然としない気持ちが残ります。

現代物理学は、この「空」の存在を立派に証明してくれました。ひところ、この空間には「エーテル状」のものが充満している、との考え方があったのをアインシュタインが否定したといわれています。いま、その考え方が再び復活し、「量子真空」という言葉で再定義されています。

この空間は目に見えない粒子、波動で満ち満ちているということです。その波動に一定の力が加わることによってエネルギーが発生し、「無」と思われたところにさまざまな「物質」が生み出されるというわけです。

そこで、「色即是空、空即是色」を「色即是波動、波動即是色」というふうに置き換えて解釈してみてください。つまり、「物質は波動でできている。また、波動に一定の力が加わると物質に変化するんだよ」ということです。これが仏教の真髄なのです。二五〇〇年前に、お釈迦様はこの最先端科学の発見を完璧に理解しておられたということです。すごいと思いませんか。

般若心経はこの「空即是色」の後に「受想行識亦復如是《じゅそうぎょうしきやくぶにょぜ》」という言葉が続きます。「受想行識」はセットになった言葉で、物質的現象を意味する「色」に対して「精神的作用」を総称したものです。「受」は感覚、「想」は想念、「行」は意志、「識」は認識、と理解したらよいと思います。「亦復如是」は、「～もまた同じものだよ」という意味です。つまり、私たちの感覚も想念も意志も認識も、みんな波動だといっているのです。これも最先端の現代科学が言っていることと全く同じです。

この理解を得ると、難解な仏教もフツーの人の頭で解釈できるようになります。

私たちは死ぬと、魂が物質としての肉体から離れ、波動の違う別次元に行くのです（正確には、魂はもともと別次元にも同時に存在しているのですが、そのことがこの物質次元からでは認識されないだけのことです）。ですから、魂は死滅することはありません。別次元のことは「幽界」とか「霊界」とか呼ばれていますが、その世界も波長の違いによりさらに細かな階層に分かれているようです。

人間の意識がモノの波動に影響を与える

人間の肉体も波動であることを理解していただけましたか。この宇宙に存在するものは全て波動でできており、その周波数の違いが特徴をつくっているのです。石には石の周波数、花には花の周波数、水にも水特有の周波数があるのです。もちろん、そういう目に見える物質だけでなく、音や色、匂いから人の言葉や気持ちに至るまで、全て波動だということです。言葉の場合は我が国では早くから「言霊《ことだま》」と呼ばれ、その波動性に関心が持たれてきました。神道で唱えられる祝詞《のりと》は、言葉の波動に音の波動が合わさって、神霊界にも届くほどの精妙な波長になっているということでしょう。

つまり、人の使う言葉は、それを耳にする本人はもちろんのこと、周りのモノの波動に影響を与えるというわけです。「ありがとう」と言われた水と、「ばかやろう」と言われた水の結晶が全然違うものになるという実験結果もあります。（『水は答えを知っている』江本勝・著／サンマーク出版）

植物も、優しい言葉をかけられて育てられたものと、ののしられながら育てられたものでは発育度合いに違いが生まれ、また花や実の付け方も異なるといわれています。クラシック音楽を聴かせるか、やかましいビート音楽を聴かせるかでも違いが生じることが報告されています。

このように、言葉や音などの波動が対象に影響を及ぼすということですから、私たちは、普段何気なく使っている言葉の力にもっと注意を払うべきでしょう。

「疲れた」「悲しい」「憎い」「畜生」「辛い」などといったマイナス波長の言葉を習慣的に使うことが、いかに恐ろしいことかがわかります。そのような言葉のマイナスの波動は、私たちの肉体を構成している細胞の一つひとつによくない影響を与えているのです。

しかしながら、言葉以上に私たちが注意しなくてはいけないのは、私たちの想念、すなわち心の持ち方です。これを仏教的にいえば「念」といい、心理学的には「意識」といっています。ここでも仏教と現代科学（心理学）は全く同じことをいっているのです。

まず心理学では、意識には「顕在意識」と「潜在意識」があり、さらにその深層には人類の集合意識があると分析しています。そして、仏教でも全く同じ内容を、「眼耳鼻舌身」の五感と、「意」としての「マナ識」、「アラヤ識」という言葉で表現しているのです。

少し学問臭い内容になりましたので、このあたりで元に戻して、「私たちの言葉や心が、周りにどのような影響を及ぼすのか」という点に絞って考えてみましょう。これを便宜上「波動の法則」と呼ぶことにします。

「波動の法則」が人生を左右する

波動の法則の一つとして「類は友を呼ぶ」という大法則があります。広義にはこれは共鳴の法則とみることもできます。「同じような振動数（周波数）のものは共鳴し、引き寄せ合う」ということです。

また、物理学の作用・反作用の法則としても理解できます。つまり、波動には「発信したものと同じものが返ってくる」という性質があるのです。我が国には「笑う門には福来る」とか「泣き面に蜂」といった諺がありますが、これらはその大法則をうまく表現しています。

いつも笑っている人には、ますます笑うような嬉しい出来事が起こり、泣き面をしているとますます泣きたくなるような出来事が降りかかってくるという意味です。最近では「プラス思考」「マイナス思考」という言葉を使ってこの法則を解説している書籍がたくさん出されていますから、ご存じの方も多いと思います。

ここでまた仏教の話になりますが、仏教でも「身《しん》・口《く》・意《い》をコントロールすることが大切である」と説いているのです。「身」とは体、すなわち私たちの行動（行為）です。いつも病人のように弱々しく振る舞っている人はますます病気に好かれ、経営者が事業の不振を嘆いて肩を落としていると、ますます業績が悪くなる、といった内容です。

次の「口」は言葉です。どんな言葉を使うかで、自分の周りに起こることに影響が出るということを仏教は教えているのです。波動の法則によってその意味が理解しやすくなりました。「自分にはできない」「自分はだめな人間だ」などという言葉が口癖になっていると、ますますそのような自分になっていくということです。また、他人の悪口を言っても、その言葉は自分が聞いていますので、自分自身がそのような波長となり、悪い状態をつくり出してしまうことになります。このように、言葉の使い方は大変難しいものがありますので、項を変えて詳しく説明したいと思います。

最後が「意」すなわち意識（想念、思考）です。言葉以上にコントロールしにくいのが意識、つまり心の動きなのです。「心はコロコロ変わるからこころという名がついた」とまでいわれるほど、人の心は定まりません。

死ぬほど好きだと思っていた恋人に裏切られて、逆に鬼のような憎む心になってしまったという話はよく聞きます。そして、言葉と同じように、私たちの心の波動は私たち自身に影響を与えるのです。

「人を呪わば穴二つ」という諺がありますが、この「穴」というのは人を埋葬する穴、つまり棺桶のことです。殺したいほど憎い人のわら人形をつくって、丑三つ時に呪いをかけるという風習がありますが、そのことによって呪われた相手が死んだとしても、発信された呪いは発信者にも同じ影響を与えますので、自分も死んでしまうということです。つまり、棺桶が二つ必要になるわけです。

このように、私たちの普段の心をどのように調律するかは非常に大切なことなのです。終末現象の後に生まれる新しい地球では、人の心がすぐに周りに伝わり、影響が現れるといいますから、もし人を呪うようなマイナス波長の人がいると大変です。そういう意味では、やはり心の調律のできない人は新しい地球行きの切符は手にできないということになりそうです。

食べ物の波動も肉体や心に影響している

私たちが日頃口にしている食べ物も、波長に大きな影響を及ぼします。食べ物の持つ波動は肉体の細胞の性質を変えていくからです。何を食べるかということは私たちの波長を高めるうえで非常に大きな意味を持っています。

また、「類は友を呼ぶ」の大法則によって、私たちは自分の波長に合った食べ物を嗜好するということが言えるのです。甘い物に目がない人はますます甘い物を求めるようになり、肉食中心の生活をしていると、ますます肉が食べたくなるというわけです。その悪循環を断ち切るためにはどちらを先にするかということになりますが、まず食べる物をコントロールすることに挑戦するべきでしょう。

心の調律ができて、使う言葉もプラス思考のものになっていけば、自然と食の好みも変わるかもしれませんが、食べ物の嗜好は簡単には変わらないものです。タバコの喫煙癖の例と同じで、「一本の誘惑」に弱い人は、この終末における現人類の卒業試験に合格できない可能性が高いということです。

今日では、肉食は私たちの健康面からみてもよくない食べ物であることがわかっていますが、私は、人の波長を粗くするという側面を問題視しています。

そういう観点から、ぜひお勧めしたいのは「穀物菜食」です。つまり、米、大豆、野菜など、畑や田んぼでつくられる作物、および椎茸などのキノコ類、そしてヒジキや昆布、海苔などの海藻類がベストでしょう。西洋の誤った栄養学に洗脳されていて、どうしても動物性蛋白質をとらないと不安になる方は、魚を、それも丸ごと食べられる小魚を食べるようにしたほうがいいと思います。

この辺りのところは日月神示に大変詳しく述べられています。その解説書が神典研究家・中矢伸一氏の執筆によって何冊も世に出されていますので、関心のある方は手に入れて読んでいただくことをお勧めします。

ここでは、「終末時代の私たちに最も適した食べ物は穀物菜食である」という点を強調しておきます。

朱に交われば赤くなる

「類は友を呼ぶ」と並ぶ波動の法則の二つ目に「共鳴の法則」（または「同調の法則」）があります。我が国の「朱に交われば赤くなる」という諺がその性質をうまく表現しています。つまり、ある特定の波動の影響を連続して受けていると、それと同調して似たような波動になってしまうということです。

音の波動で考えていただくとわかりやすいと思います。２つの音叉《おんさ》を並べて、その片方を叩いて音を出すと、やがてもう一つのほうも同じように音を出し始め、共鳴するようになります。波動はすべからくこのように同調する性質を持っているのです。つまり、強い波動が他に影響を与え、同調させるということです。

人も波動ですから、マイナス思考の人、あるいは悪想念に満たされた人たちのなかに入っていると、やがて自分もその人たちの影響を受け、マイナス思考、悪想念に染まってしまうということになります。昔から「付き合う友達を選びなさい」といわれるのは、波動が影響を受けるからです。

しかしながら、もう一つの波動の法則である「類は友を呼ぶ」という性質によって、なぜか気の合う仲間は自分と同じような波長の人間になってしまいがちです。お互いのキズをなめ合ったり、他人の悪口を言ったり、世の中を批判する人たちが、不思議と群れをなすのはそういう理由からです。

死んで肉体を離れたとき、霊界で地獄的世界に行く魂は、何も生前の行為の罰を受けて、エンマ様からそこに行かされるのではなく、自分の持つ波長に同調する世界に引きつけられるということです。同じように、終末においても人は自らの波動の状態で、自動的に行く世界が決まるということでしょう。

しかしながら、終末現象のなかでは地球そのものの波動がレベルアップしますので、人の波動は今のまま留まるのではなく、より同調しやすいほうに引っ張られることになります。二極分化が起こるといわれているのはそのことです。

サタンが望む粗い波動に引き寄せられ「朱に染まる」か、それとも次元アップした高い周波数の波動に引き寄せられるか、どちらかを強制的に選ばされることになるのです。これまでは再び人間に生まれ変わってきて、新たな気づきを得て周波数を高めることができましたが、新しい地球では生まれ変わることができなくなるといわれていますので、そのチャンスもありません。

場合によっては、この人生で出会った多くの仲間とは別次元に行ってしまって、進化のサイクルが遅れてしまうということになるでしょう。ちょっと辛い話ですね。終末現象をノホホンと受け止めて、高をくくることはやめたほうがいいと思います。

「夢が実現する」という成功哲学には要注意

ここでおさらいをしておきましょう。私たちの言葉や想念(心、意識)は、私たち自身に対して、あるいは私たちの周りの人やその他の生き物、物質などに対して影響を与えるということです。また、食べ物や行動も私たち自身の波動に影響を及ぼします。行動のことを「〜らしく振る舞う」というふうに考えてみてください。

「自分は寒さに弱い」という意識を持っている人は、冬になると「厚着をする」という行動をとります。あるいはまた「暖房器具に頼る」という行動をとるでしょう。つまり、「寒さに弱い人らしく振る舞う」のです。意識が行動を左右しているということです。

逆に、行動も波動ですから、意識に働きかける力を持っています。寒さに弱い人のように振る舞えば、ますます寒さに弱くなり、「自分は寒さに弱いのだ」という意識を強化することになります。「悲しいから泣くのでなく、泣くから悲しくなるのだ」という考え方があるように、行動が意識を形成していく一面も見逃せない事実です。

最近では、このような心の力を教える成功哲学の本もたくさん出されていますから、そのあたりのメカニズムを理解されている方も多いと思います。聖書でもイエス・キリストが「強く信じることは実現する」と教えています。強く信じるためには、実現した姿を思い浮かべ、「実現してしまったように振る舞うこと」が大事な要素となっています。

しかしながら、「信念の力」とでもいうべき心の法則を誤って使用すると、大変悲惨な結果になる場合があります。例えば、どうしてもまとまったお金がほしいということで、「一千万円を手に入れる」という信念を強めていると、願いは実現しても、そのお金は愛する我が子が交通事故で死亡し、その保険金として手に入ったということにもなりかねないのです。このように、「こうすればお金持ちになれる」とか「こうすれば夢が実現する」という成功哲学の本は、その理解が不十分であると大変な落とし穴があることだけは心に留めておいてください。

そもそも、この世で成功するとか、お金持ちになることに執着する心の持ち方は、そろそろ卒業しなくてはいけないということです。新しい時代にはこの世的な成功の姿はないわけですから、いまだにそのような成功の姿に憧れる人の波動は、決して高い周波数とは言えないのです。

潜在意識の中身は普段は認識できない

意識が、人の波長に大きな影響を与えることはご理解いただけたでしょうか。私たちの心の持ち方、つまり意識のコントロールはなかなか難しいものです。仏教では座禅を組んで、心に浮かんでくる雑念を第三者の目で静かに見つめる訓練をします。その雑念によって心を動かすと、また新しい雑念を生み出すことになりますので、心を動かさない訓練ということができるでしょう。

私たちの心の奥底にあるもの、つまり潜在意識の中身は普段は認識できないものです。しかし、終末の極限的状況では、この潜在意識に埋め込まれていたものが表面に現れてしまいますから、私たちは自分でも想像できなかったもう一人の自分の姿を見ることになるかもしれません。

潜在意識のなかには、私たちの心の傾向が蓄積されています。ある種の劣等感や、人をうらやむ気持ち、憎む気持ち、恐れる気持ちなどがため込まれている場合も多いでしょう。あるいは不安や怒りが蓄積されて、それぞれが大きな塊になっている場合もあると思います。

座禅を組み、瞑想することによって、潜在意識の扉が開かれ、なかのものが一度に出てくることになると、私たちの顕在意識の許容量を上回り、発狂してしまう場合もあるといわれています。座禅や瞑想はよき指導者の下で行なわないと危険だ、といわれる理由はそこにあるのです。

しかしながら、終末のカタストロフィーのなかでは、私たちの潜在意識の中身が強制的に表面に出されることになります。それは恐怖心や呪いの気持ち、後悔の念、自暴自棄の気持ちなどとなって表面化するに違いありません。備えのない人は取り乱し、多くの人たちと一緒に阿鼻叫喚のおぞましい姿を露呈することになるでしょう。

そういう事態を避けるためにも、私たちは普段から心の調律を訓練しておくことがとても大切になってきます。

水に書いた文字、砂に書いた文字、岩に書いた文字

潜在意識の奥深くにため込まれた心の癖は、カルマとなって私たちの人生にさまざまな影響を及ぼします。俗にいう不幸な出来事として表面化する場合と、恵まれた幸せな境遇として、この世的にはラッキーと思われるような幸運をもたらすこともあります。仏教で言う「善因善果、悪因悪果」ということです。神様や仏様が勧善懲悪をされるというわけではなく、いずれも因果の法則を理解させるために仕組まれた現象なのです。

ですから、「善果」に有頂天になって努力を怠ると、今度は悪いカルマをつくり、いずれはそれが「悪果」となって返ってきます。このように波動の法則は大変奥深いものがあるのです。

過去にため込んだ悪因の結果は甘んじて受けとめなくてはなりませんが、そのことによって心を乱し、新しい悪因をつくることがないようにするには、どうすればよいのでしょうか。

そのことを仏教では「水に書いた文字（よくやった）」「砂に書いた文字（よかろう）」「岩に書い

た文字（避けよ）」に例えて教えています。悟りを開いていない私たち人間が、この人生で直面する様々な出来事に対して、瞬間的によくない波動を発信してしまうことはやむを得ないことです。例えば、通勤電車のなかで足を踏みつけた相手が、わびることもなく涼しい顔をして降りていくとき、「こら、ひとこと謝れ！」という気持ちが起こるのは自然な感情でしょう。あるいは勤務先の上司から些細なことで厳しく叱られたときに、「この野郎。覚えとけ！」という気持ちを持つことがあるかもしれません。

水に書いた文字というのは、そのような気持ちを持ったとしてもすぐに思い直して、相手に対して悪い波動を発信したことを、心のなかでわびなさいという意味です。そうすれば、マイナスの波動が中和され、あたかも水の上に書いた文字のように、書くそばから消えていって、潜在意識に刻まれることはないというわけです。

砂に書いた文字というのは、風が吹くと砂の上の文字が徐々に形をなくし、やがて消えてしまうことを表しています。それは、人を恨んだとしても、夜寝るまでにその対象となる人を許し、むしろ恨みの念を発信したことをわびなさいという教えです。

夜眠りにつくと、潜在意識の扉が開くといわれています。そのとき、私たちが心に残していた恨みの気持ちや不安な気持ちなどが、まとめて潜在意識のなかに畳み込まれるのです。しかも、潜在意識のなかに入った心の傾向は、睡眠中にどんどん成長していくといわれています。それはちょうど車のハンドルに例えられていて、私たちが寝る前に切ったハンドルの状態は、睡眠後もそのまま固定され、車はその方向に進んでいくのです。

恨みや不安、怒りなどの気持ちを抱いたまま眠りにつくと、その気持ちはますます強化され、目が覚めたときにはさらに強い恨み、不安、怒りなどの気持ちとして意識されることになります。そして、「類は友を呼ぶ」の法則の通り、現実の世界でもさらにそのような気持ちにさせる出来事を引き寄せてくることになり、それはまた潜在意識にため込まれ、成長していくという悪循環に陥ることになります。

このように、眠りにつくときにまだ気持ちの整理がつかないものを残しておきますと、その気持ちは潜在意識にしっかり刻まれることになります。ここまでくると消すことのできないカルマとなり、病気や事故といった現象として形を現してきます。これを、「岩に書いた文字」と表現しているのです。

夜寝るときに、その日の出来事を振り返り、人を恨む気持ちがあればその人を許し、また恨みの気持ちを抱いたことを反省し、わびることです。また、このような気づきを与えてもらったことに感謝し、「ありがとうございました」とお礼が言えれば悟りの境地と言えるでしょう。もちろん、最初は気持ちの整理がつかなかったとしても、とにかく「ありがとうございました」を何十回も唱えてから寝るというふうに、形から入ってもらえばいいのです。

同じように、不安な気持ちが心を占領しているときは、「大丈夫」「きっとうまくいく」「もう解決した」といった言葉を何度も口ずさんだ後で眠りにつかれることをお勧めします。これは潜在意識がどのような働きをするかという科学的理解に基づいた処方箋なのです。私はこれを「大丈夫教」と呼んでいますが、心を静める御利益に関しては一般の宗教にも劣らないものがあります。

カルマを解消するためのゴールデンルール

カルマ（仏教では「業」と表現します）は私たちが人生において身《しん》・口《く》・意《い》によって発信した波動の反作用だということができます。カルマが表面化するときに、私たちの発信したものがどういうものであったかを知ることができるのです。聖書の表現を借りれば、「蒔いた種を刈り取る」ということになります。刈り取るときになって、蒔いた種がどういうものであったかに気づかされるのです。

ですから、カルマは全て私たちの気づきのために表面化するのです。例えば、病気という形で現れたカルマは、その原因となった心の使い方がどういうものだったかに気づかせる働きをします。原因がわかり、次からその原因となる種を蒔かないようにすれば、同じカルマをつくらずに済むことになります。そのような経験を重ねるなかで、私たちは気づきを得て波動の修正を行ない、周波数を高めていくのです。

しかし、私たちのカルマは必ずしも現人生でつくったものだけとは限らないといわれています。私たちの過去世においてつくったカルマや、あるいは、私たちの先祖がつくったカルマについても刈り取る責任を負わされるということです。ここまでくると大変難しくなりますので、ここでカルマを解消するゴールデンルールを明らかにして、この項は終わりにします。

カルマを解消するゴールデンルールの一つは、すでに述べてきましたように、「新しいカルマをつくらないこと」です。そのためには、普段から最低でも「砂に書いた文字」をきっちり実践していただくことが大切です。

次に、それでも現れてくるカルマ（嬉しくない出来事）については、それは私たちに気づきを与えるための神の配慮（天の配剤）だと思って、むしろ感謝して受けとめることです。病気に感謝し、自分や身内の不幸と思える出来事にも感謝するのです。大変ムゴい話のように思われるかもしれませんが、これこそが新しいカルマをつくらないためのとっておきの秘訣なのです。

要するに、私たちの回りで起きる出来事は全て、自分の魂の進化のために必要なことなのだ、と理解することです。「だからありがたいことなのだ」と理屈ぬきに感謝してしまうのです。そして、お礼を言うのです。そのことによって、潜在意識のなかに畳み込まれていたよくない心の習慣は次第に浄化されていきます。

病気の原因は潜在意識にため込まれた心の癖

健康ということを例に取って考えてみましょう。いまの日本人は病院や薬と大変仲良しになっています。そのことを批判するわけではありませんが、それは西洋医学の間違った考え方に毒された結果なのです。西洋医学の一番の間違いは、人体の病気を部品の欠陥と捉えている点です。胃が悪ければ、胃の調子を整える薬を与えるか、極端な場合は胃を切開して悪い部分を除去すれば良くなるという思想に基づいています。

部品の故障を修復する力のある薬は、その副作用として他の部品または全体に対しては悪い働きをする場合がほとんどです。今日では副作用が全くない薬はないともいわれています。

西洋医学が問題なのは、病気の原因を単に悪い物質の作用、または部品の機能低下によるものと考えている点です。確かに、現象としてはウイルスなどの病原菌によって発症するケースもたくさんあるでしょう。しかしながら、実はその病原菌は「原因」ではなく「媒介」でしかないのです。病気の原因は心のなか、つまり潜在意識に蓄積された「よくない心の習慣」にあり、その「因」がウイルスという「縁（きっかけ）」によって「果」としての症状を現すのです。

ですから、「縁」を退治しても、「因」が残っているかぎり、再び体の他の部分に「果」としての症状を現してくることになります。癌などの難病が、手術によって悪い細胞を除去しても再発するケースが多いのはそのためです。潜在意識のなかにあるよくない波動が、同じ波長の病気を引き寄せ、症状を体に現しているということを理解しないと、病気の予防も、本当の治療もできません。

これだけ医学が発達したといわれながら、さまざまな難病にかかる人の数は増える一方であること、そして、医療費として病院や薬品メーカーに支払われる金額（保険も含めて）が天文学的にふくらみ続けていることを疑問に思いませんか。

薬や手術に依存するということは、外の力を頼りにするということです。本当に病気を治す力は私たちの体のなかに備わっているのに、それが活用されないのです。私たちの体のなかに常駐している「自然治癒力」という名の〝病気を退治してしまう部隊〟が、いざ自分たちの出番だと思って出動すると、いつのまにか〝薬品投下班〟という外人部隊が出てきて、病気を症状もろとも追い払ってしまうのです。

出番が少なく、実戦経験を積むことができなかった「自然治癒力」部隊は、そのうち戦闘能力を低下させてしまうことになります。そして、病原菌に侵略されるたびに、ますます外人部隊に頼らざるを得なくなっているというのが、現代の平均的な日本人の姿ではないでしょうか。

健康に執着するのは病気願望と同じこと

「健康になりたい」と願う気持ちの裏には、「いまが健康でないから」という心が隠されています。いま健康な人は決して「健康になりたい」とは思わないからです。私たちが健康にあこがれる気持ちは、「いまが健康でない」ことを潜在意識に繰り返し記憶させているようなものです。ですから、ますます健康でない状態をつくり出すのです。

この心の習慣から脱却する方法は、病気そのものに感謝するか、「すでに健康になりました。ありがとうございます」と、自分が健康になって何かやりたいことに没頭している姿を思い浮かべ、感謝の気持ちで胸をいっぱいにふくらませることです。

健康に限らず、私たちが「欲しい」と何かを求める気持ちの裏には「不足している」という気持ちが隠されています。私たちの潜在意識はその気持ちを感じ取ってしまうのです。ですから、私たちが何かを望むときは、すでにそれが与えられたと考え、感謝することです。そうやって感謝の波動を発信すると、「類は友を呼ぶ」という波動の法則によって感謝の波動を引き寄せ、必要なものが与えられるというわけです。

健康の問題に限らず、一番大切なことは、常に満足と感謝の波動を発信することです。すでに必要なものが与えられ、満たされているという気持ちから、常に感謝の気持ちを持つことが大切です。身の回りに起こることは全て私たちにとって必要なことであり、それがベストの形で与えられたと考えることができるようになれば、私たちが「あれをください、これをください」といちいちおねだりをしなくても、スーパーパワー（宇宙創造神）は全てをお見通しで、必要なときに必要なものをちゃんと与えてくださるのです。

自分で蒔いた種は全て自分で刈り取れる

聖書のなかに「自分で蒔いた種は自分で刈り取らなくてはならない」という教えがあります。「悪いことをしたことの責任は自分でとれ！」というニュアンスに聞こえます。しかし、本来の意味はそうではないのです。「自分が蒔いた種は全て自分で刈り取ることができるよ」ということを言っているのです。

ですから、よい種を蒔けばよい芽が出て、よい花が咲き、よい実を採り入れることができるのです。せっかくの自分の努力の成果が他人に奪われることがないように保証されているということです。この宇宙を創造し、運行されている神様は、大変ありがたいルールをつくってくださったのです。

しかしながら、もし私たちが悪い種を蒔くならば、その結果としての悪い実は、当然私たち自身で収穫しなくてはなりません。そこには神様の特別の配慮が入り込む余地はないのです。カルマの清算は全て自分でするというのが宇宙のきまりなのです。

私たちはこれまで、普段自分がどのような種を蒔いているかということについて無頓着でした。私たちの「身（行動）・口（言葉）・意（想念）」が波動として潜在意識に蓄積されるという事実を知らなかったからです。いまはそのメカニズムがわかりましたから、私たちはよりよき人生を生きるために、普段からよい種を蒔くように心がけなくてはいけません。

見ざる、言わざる、聞かざる

カルマをつくり出す悪い種とは、悪い振る舞い（身）、悪い言葉（口）、悪い想い（意）であることを述べてきました。悪いことを見ても、聞いても、言っても、その波動は全て私たちに影響を与えるのです。「見ざる、聞かざる、言わざる」という言葉がありますが、人から悪口を聞かされたり、人を不幸に陥れるような行為を目撃したりすることによっても、私たちの波動は影響を受けてしまう恐れがあります。まして、同じ内容を何回も見たり聞いたりすれば、そこに共鳴の法則が働いて、いつしか私たちの波動が同調してしまうのです。

最近のテレビ番組やテレビゲームなどで、人を簡単に殺してしまう内容を頻繁に見せられている子供たちは、誰もが本来持っている「命を大切にする気持ち」がだんだん薄らいでいくのではないかと気になります。大人でも、同じような内容のテレビ番組を受動的に見ている人は波動に影響を受け、いつしか潜在意識に蓄積されていく恐れがあります。

特に、感動する、ショックを受ける、夢中になる、といった一種の放心状態のときは、私たちのそのときの気持ちがそのまま潜在意識のなかに取り込まれていきます。そして、おまけにその気持ちを言葉で表現するならば、さらにその波動は強化されるのです。

そういう意味では、どういうときに悪い波動になるかを知っていることはとても大切なことなのです。そのうえで、心(感情)と言葉をコントロールしなければなりません。コントロールする方法としては、ベストは「水に書いた文字」です。自分の発した感情に気づいた段階で、心のなかですぐに「大丈夫」「ごめんなさい」「ありがとう」といった言葉を連発することです。

それができなくても、夜寝るまでに一日の出来事を思い返し、心に引っかかっているよくない感情（不安、不満、憎悪など）を「砂に書いた文字」として消し去っておくことが大切です。

しかしながら、最初からそのようなマイナスの波動につながるものを「見ざる、聞かざる、言わざる」が最も賢明と言えるでしょう。つまり、「君子危うきに近寄らず」というわけです。

潜在意識は「これはフィクションだ」とか「自分とは関係ないドラマの世界の出来事だ」という

判断はできないといわれています。ですから、テレビドラマの映像も言葉も波動として全て受け入れ、蓄積されることになります。そして、いつの日か、その波動に近い出来事をあなたの周りに引き寄せてくるかもしれません。最近のテレビ番組はマイナス波動を生み出す残酷なドラマが多いので、要注意です。

波動を高めるための秘訣は「与える」こと

よい種を蒔き、波動を高めるために必要な最初のキーワードは「与える」ということです。人は誰でもまず身近な人に何かを与えることから始めます。母親は我が子に母乳を与えます。父親は仕事を通じて家庭に生活の糧を持ち帰り、家族に与えます。どちらも家族に対して「愛情」を与えています。それは家族が自分の分身だからです。自分と同じ価値ある存在だから、自分を愛するのと同じように、愛情をたっぷりと注ぐことができるのです。

しかし、見ず知らずの他人の赤ちゃんのことになると意外と無関心になります。例えば、戦争や内乱などによって家を失い、食料も十分に手に入らない人たちのことについては、自分の問題とは考えません。ある母親が衰弱した子供を抱き抱えながら、取材のカメラに向かって「食べ物をください！」と悲痛な叫びをあげていても、「可哀想だけど、自分の力ではどうしようもないから」と、クイズやスポーツ番組などにチャンネルを変えてしまいます。

しかし、実はこのときでも私たちには与えるものがあるのです。それは「この母と子に食べ物が与えられますように」という強い願いを持つことであったり、祈ることであったりします。これを「愛を与える」と表現してもよいでしょう。同じ地球に生を受けた人間として、同胞の悲しみを自分のものとし、その幸せを望み、祈る気持ちを持つことが、よい種を蒔くということなのです。

他者の幸せを祈る気持ちは波動となって、この宇宙に刻まれ、やがて同種の波動を引き寄せ、大きなうねりをつくっていきます。それが、これまで何度か説明してきた「一〇〇匹目のサル」現象を生み出し、私たちのこの地球を美しい星に生まれ変わらせる力を強めてくれるのです。波動を高めるための第一の秘訣は「他者の幸せを願う」と表現しておきましょう。

動物は人間の食べ物として準備されたのか

「他者の幸せを願う」と言いましたが、他者とは人間だけに限っているわけではありません。最近では犬や猫などのペットを飼う人が増えていますが、自分が飼っているペットはまるで自分の分身のように大事にします。巣立っていった子供の代わりに、たっぷり愛情を注ぎ、そのペットが怪我でもしようものなら、大変心を痛めることでしょう。

しかし、ペットとはいえなくても、私たちの食卓にハンバーグや肉だんごという形で出されてくるお肉の原料となっているのは、同じ地球に住む牛や豚などの生き物であることは頭に浮かびません。その牛や豚たちがどのような（悲惨な）飼われ方をして、どのような（残酷な）方法で殺され、処理されているのかは知る必要はないと思っているのです。

だから、例えば子供がそのハンバーグを食べ残しても、そこに牛の命が犠牲になっていることを教える親は少なくなりました。というより、親である大人自身がそのような感覚を持てなくなっているのです。

「牛や豚などの動物は、神様が人間に食べ物として準備してくださったものだ」という考え方が、旧約聖書の誤った解釈に基づく西欧文明の基調となっています。その考え方を日本も取り入れて、世界第二位の経済大国にまで発展したのでした。しかし、これは人間が蒔いてきた最もよくない種だったのです。それが人類のカルマとなって、これから終末現象のなかで清算されることになるわけです。

そのことにできるだけ早く気づくこと――それが私たち一人ひとりに今求められているのです。気づきのない人は、人類のカルマをそのまま払わされることになってしまいます。つまり、大天変地異に遭遇するという形で、殺されるときの牛や豚たちと同じような恐怖を味わうことになるのです。

それを避けるためにも、自分の家で飼っているペットを愛するのと同じ気持ちで、食料となってくれている牛や豚の命に対して、哀れみとお詫びと感謝の気持ちを持つことが必要です。

また、牛や豚などのように人間の食料として利用されている動物以外に、医学や科学の研究のためにその命を提供させられているモルモットなどの小さな生き物に対しても、同じような気持ちを持たなくてはならないと思います。かのガンジーは、「実験動物を残酷な形で取り扱っていることが人類最大の罪である」とまで言っています。

他者の喜ぶ顔を見ることができる幸せこそ富

聖書には「右手がしたことを左手にも教えてはならない」という戒めの言葉が記されています。これは、自分がしたよき行為であっても、そのことを人に自慢してはいけない、ということを意味しています。日本でいう「陰徳《いんとく》を積め」ということと同義でしょう。

「他者に与える」というよき行為をしても、「与えてやった」「よいことをした」と思ってしまったら、すでに「満足感」という見返りをもらっているわけです。それでは、せっかくのよき行為が中和されてしまって、潜在意識のなかに蓄積されないのです。だから、右手がしたよき行為は、左手にも知らせてはならないということなのです。

このことに関して、ある本に面白い話が載っていましたので紹介します。

昔、禅の修業をしている一人のお坊さんが、橋の下で寒さにふるえている乞食を見て、自分の着衣を脱いで与えたのです。それを着た乞食は、お坊さんのほうをジロリと一目見ただけで、なんの言葉も返ってきません。たまりかねたお坊さんは、「どうだ、少しは暖かくなったかな」と声をかけました。感謝の言葉を催促したのです。

するとその乞食はこう言いました。「着れば暖かいに決まっている。わかり切ったことをなぜ聞くか。与える身分をよろこべよ」

即座の返答に、見返り（感謝の言葉）を待つ自分の心を見透かされて、お坊さんが大いに恥じ入った、というのがこの話のオチです。

このように、たとえ私たちが他者に示したよき行為に対して、どこからも感謝の表明や賞賛の言葉がなかったとしても、そのことを不満に思ってはいけないということです。逆に、誰にも気づかれなかったということは、それはそのまま「天の蔵」に貯蔵されることになります。そして、それには大きな利息がついていくのです。

手柄話をしたり、美談化したり、うぬぼれたり、恩に着せたり、優越感を持ったりする行為は、その天の蔵から富を引き出すことになります。むしろ、「こんないい役割をさせていただいて、ありがとうございます」と感謝するべきでしょう。他者の喜ぶ顔を見ることができる幸せこそ富なのです。それが自然にできるようになると、私たちの波長は何ランクもアップすることになります。

自分がしてほしいと思うことを隣人に施す

我が国には「情けは人のためならず」という言葉があります。最近の若い人たちの解釈では「情けをかけることはその人のためにならないからやめなさい」という意味になっているようです。本来の意味は「人に情けをかけたようにみえても、それは回り回って自分に返ってくるんだよ。だから人には情けをかけなさい」という逆の意味になります。

これは大変すばらしい教えのように見えますが、実はちょっとした落とし穴があるのです。どこからか見返りがあることを打算して行なう行為は、必ずしも純粋なものではないからです。自分に返ってくる利益を期待して他人に尽くすとき、それは不純な行為となってしまいます。常に無私であることが大切なのです。

なぜなら、人はみな同根であり、いわば「地球」という同じ樹木の葉っぱだからです。別々のように見えても、一つの幹から分かれた枝を通じてつながっているのです。ですから、他者に与えたものは自分自身に与えたということになります。人に限らず、万物はみな同根、神の分け御霊《みたま》であると考えることが大切です。

「一人は万人のために。万人は一人のために」という言葉があります。その「万人」とは、神様が姿を変えて現れたもの、つまり神の顕現です。聖書にも書かれているように、自分がしてほしいと思うことを隣人に施す利他の心を持つことが、新しい時代の生き方となります。隣人とは万人、つまり不特定多数のことであり、施しても直接的な見返りが期待できない存在のことを意味します。自分とは直接利害関係がないと思われる人たちのことです。そのように、普通なら愛情の対象となりにくい隣人にさえ愛を示すのが神の心なのです。

その結果は、「万人は一人のために」となります。神の顕現としての万人は、見返りを期待せずに尽くしてくれたその一人を高く評価し、無私の愛にたくさんのおつりをつけて返してくれるのです。

「他者に与えよ」という聖書や仏教の教えを、私たちはこれまで宗教的倫理観として受けとめていましたが、波動の法則を知ってみると、非常に科学的、合理的な行動原則であることがわかります。つまり、「隣人に与えたものは必ず自分のところに返ってくる」という法則があるわけですから、感謝を与えれば感謝が、呪いを与えれば呪いが、宇宙のどこからか返ってくるということです。ただ、時間に束縛されたこの物質世界では、それが返ってくるまでに一定のタイムラグがあるために、普通の人にはその因果関係が理解しにくかっただけなのです。

それにしても、スーパーパワー（＝宇宙創造神）は、人の進化のために本当に素晴らしい法則を準備されたものです。

「向上心」も波動を高めていくうえで欠かせない

波動を高めるために必要なキーワードの二つ目は「学ぶ」ということです。

各預言（予言）が教える人類進化の方向は、一つは「愛」ということですが、もう一つ大切なものとして「智恵」をあげています。この二つの心のベクトルが一つになったとき、人は本当の進化を実現できるのです。

この点で、一般の宗教団体の人たちが教えることとこれから述べる内容は、少し違っているかもしれません。「愛に満たされた優しき人になれ」ということだけならば、アメリカのネイティブ・インディアンの本来の生き方が最も素晴らしいものだったでしょう。地球を大切にし、狩りをするときも自分たちが必要とする以上の無駄な殺生はしませんでした。自然との調和をはかり、長老の知恵に従って平和に生き、科学や文明の発達ということからは無縁の、平穏な暮らしができただろうと思います。

しかし、そこに科学と文明の発達を手にした人種が登場してきて、その平和な暮らしを破壊してしまったのです。その後、その侵略者たちの一味が築き上げた文明は、より便利で快適な暮らしをするためにさまざまな発見と発明を繰り返し、今日の物質文明を築き上げてきました。

自動車や航空機、電話、テレビなどの文明の利器は、今では私たちの暮らしに欠かすことができないものとなっています。残念なことに、その結果として地球は破壊され、無惨な姿になってはしまいましたが……。飽くなき探求心によって、私たちの文明は地球を病気にしてしまったのです。

しかしながら、そのような大きな犠牲を払いながらも、私たちは宇宙の仕組みやミクロの世界を動かしている法則について、いろいろと学び、知ることができました。もし印刷や輸送、通信の手段が発達していなければ、これだけたくさんの人がこの世界の全体像を知ることはできなかったでしょう。科学の発達は、私たち人類の未知の世界への探求心から生まれたものです。ここに、大きい意味での神の計画があるような気がします。

そして、この地球が病気の状態にあることを知ることによって、私たちはまた新しい生き方、本来の大切な生き方を学びつつあるのです。それは、人が病気を経験することによって初めて健康の大切さを自覚し、日々の暮らし方を改めるのとよく似た働きです。

大切なことは、私たちがこの世界を動かしている仕組みやメカニズムに対する関心を持つこともせずにただノホホンと生きるのでなく、自ら探求心を持って学び、気づきを得ていくことなのです。
波動を高めるための二つ目のキーワードは「向上心」としておきます。

同じアホなら踊らな損、損

「与える」「学ぶ」に続き、私たちの波動を高めるための三つ目のキーワード、それは「楽しむ」です。ただし、いまの社会で多くの人が体験しているような、娯楽や刹那的な快楽のことをいっているのではありません。

もちろん、私たちがこれまでの人生において、「仕事を楽しむ」「映画を楽しむ」「料理を楽しむ」など様々な楽しみを経験してきたことには、それなりの意味があるでしょう。しかしながら、これからの時代に「楽しむ」分野とは、やはり芸術性のある世界だろうと思います。簡単にいえば「美の探求」ということです。

芸術というと絵画や音楽が頭に浮かびますが、必ずしもそういうジャンルに限定しているわけではありません。例えばスポーツの世界でも、プロ野球のイチロー選手の磨き上げられたバッティング技術などは、まさに芸術の域に達していると思います。

ただ、ここで言っている「楽しむ」の意味は、「鑑賞する」という受け身の形というよりも、自らが演ずる側、制作する側、プレーする側に参加する形での楽しみ方が中心になると考えています。

例えば音楽であれば、一般の人が年末にベートーベンの交響曲第九番を歌う企画が大変人気がありますが、あのような参加型の楽しみ方が主流になっていくでしょう。テレビが発達したことによって、今は見るスポーツとしてのプロスポーツが全盛ですが、スポーツも本来は自らプレーして楽しむものです。

プロスポーツはスポーツの振興という意味では一定の役割を果たしていますが、今日ではお金儲けの手段として利用されるようになり、野球やサッカーの人気選手たちが何億円という契約金をもらってスターのようにちやほやされる姿は、私は現代文明の断末魔現象の一つだと見ています。

「楽しむ」の原点は日本の祭りにあります。御輿《みこし》を担いだり、山車《だし》を引いたりと、お祭りではたくさんの人が演ずる側に回ります。それが本来の楽しみ方なのです。徳島の阿波踊りは「踊る阿呆に見る阿呆。同じアホなら踊らな損、損」と歌いながら踊りますが、このように「踊り」に参加する形で楽しむことが新しい時代の楽しみ方なのです。それも、お金や見栄、健康維持など、別の目的のための手段としてやるのでなく、文字通り踊りそのものを楽しむことが大切です。

肉体を極限まで酷使するマラソンの高橋尚子選手が、「走ることが楽しい」と語っているのはまさに新しい時代のスポーツの楽しみ方を先取りしていると言えるでしょう。もちろん、普通の人は、他者と競い合って記録をねらう必要はありません。自ら楽しみながら技術を高めることで、さらに奥の深さがわかり、楽しみのレベルが高くなっていくという形が理想なのです。

そこで、波動を高めるための三つ目のキーワードは「阿呆になって踊りを楽しむこと」としておきましょう。

愛とは「見返りを求めずに与え続けること」

ここで、波動を高めるための生き方についてまとめをしておきましょう。

「与える」「学ぶ」「楽しむ」が大事なキーワードであると申しあげてきました。それは、多くの預言（予言）にもありますように、波動でつくられたこの世界の大切な要素（つまり創造主の意志）が「愛」であり、「智恵」であり、「真・善・美」ということだからです。

イギリスで初めての女性首相となったサッチャーさんは、在任中に「あなたの人生で大切なものはなんですか」と問われて、即座に「それは愛です」と答えたそうです。そして、愛とは何かとの質問に、「見返りを求めずに与え続けることです」と答えたといわれています。「鉄の女」と呼ばれ、仕事のなかでは妥協を許さない厳しい方だったようですが、その心の哲学は「他者への愛」ということだったのです。

宇宙の法則となっている「愛」とは「見返りを求めずに与え続けること」――頭では理解しているつもりでしたが、この言葉には、改めて目を洗われる思いがいたしました。

私たちはこれまでの人生で、常に何かを手に入れる努力を続けてきました。お金をはじめ、高価でかっこいい車、広い敷地に立てられた庭付きの立派な家、他者からの賞賛やよい評価、社会的な地位・名誉、安定した生活、などなどを、私たちの心を豊かにしてくれるものと考えて求めてきたのです。自分自身と、自分が愛する少数の身近な人たちのために……。

しかしながら、これからの時代はその生き方は通用しなくなりました。この地球上の全ての存在に対して、私たちは「愛」を示す必要があるのです。なぜなら、それら全ての存在は一つにつながっていることがわかったからです。

他者に与えることは自分に与えること――多くの宗教が教えてくれたことが、いま科学的にも証明され、普通の人の頭で理解できるようになりました。

「愛」が形をとるとき、それは「与える」行為となります。仏教ではそれを「慈悲」と呼び、与えることを「布施」と呼んでいますが、これはお金や物を与えることです。しかし、そういう形のあるものでなくても、私たちは他者に与えることができると説いています。それを「無財の七施」といって、「和顔《わがん》（にこやかな表情）施《せ》」「言辞（優しい言葉）施」など七つが「他者に与えるべきもの」として説かれているのです。このなかには含まれていませんが、一番価値があるのは「法施」であり、「真理」を教えることだとされています。つまり、人に気づきのきっかけを与えるということです。

神の意志が人の進化である以上、私たちはつねに向上心を持って学び、真理や美の世界の探求を続け、それを楽しみ、喜びとすることが望まれているのです。

与えたものは必ず返ってくる

「与える」という行為も波動として見ることができます。その波動は「類は友を呼ぶ」または作用・

反作用の法則によって、与えた側にも同じ波動を引き寄せます。つまり、私たちが見返りを求めなくても、与えたものは必ず返ってくるのです。

私たちが他者の幸せを願う気持ちは、今度は私たち自身が受け手の立場となり、私たち自身の幸せを願う波動として返ってくるのです。というより、共鳴の法則によって同じ波動を引き寄せるというほうが正しいかもしれませんが……。

ですから、前に述べた「情けは人のためならず」という諺は、波動の法則から見ても真理を語っているのです。「人を呪わば穴二つ」も同様です。他者に「死ね！」という強い念を与えた結果、その同じ念が返ってきて、自分も死ぬことになるわけです。この宇宙はさまざまな波動で満たされていますから、私たちが発信した波動と同じものが必ず返ってくることになります。

幸か不幸か、この物質世界は時間という枠に縛られているため、返ってきた波動がすぐに形をとるわけでなく、一定の時間の間隔がおかれます。そのために、因果関係がわかりにくいという欠点にもなってきました。しかし、これからは時間のスピードもますます速くなっていきますから、その時間のスピードに合う形で波長を高められない人は、潜在意識にため込まれた悪い波動が表面化するチャンスを失い、終末のカタストロフィーのときに一度に吹き出してしまうことになるでしょう。それは大変悲惨な形をとるのではないかと思われます。

風邪などのちょっとした病気にかかりやすい人は、その時点でマイナスの波動を小出しにしていますから、大病を患うことがないといわれています。すでに潜在意識のなかにため込まれたカルマ

（よくない心の習慣）は、早く形をとってくれるほうがありがたいのです。

風邪で熱が出たら、「ああ、これでカルマが一つ消えていく」と喜んでいただくほうがよいのです。ところが大半の人は、病気の症状を見て心を動揺させ、病院に足を運びます。そして、医者からもらった〝症状を和らげる薬〟を飲むのです。「痛み」や「熱」という形でカルマの解消ができるのに、そのチャンスを自ら摘んでいるのです。

おまけに、「健康を回復するには薬の力に頼るしかない」という波動が強化されることになり、せっかく備わっている自然治癒力を弱めてしまうことにもなっていきます。

Each for All. All for Each.

「一人は万人のために。万人は一人のために」という言葉の英文はこの見出しのようになっています。大元はラテン語だといわれていますが、定かではありません。私はこの日本語訳に多少異論を持っています。西洋から来た言葉ですから、本来の意味はこれでいいのかもしれませんが、この表現のなかのどこにも「人（People）」という言葉がないことにこだわっているのです。

というわけで、私は「個は全体のために、そのとき全体は個のために（個を大切にする。個に感謝する。個を守る）」という意味ではないかと思っています。「個（Each）」も「全体（All）」も必ずしも「人間（People）」に限定するものではないと思うからです。

全体の幸せのために、一人が貢献する。「愛する祖国のために」というのもそのひとつでしょう。

敗色濃厚となった太平洋戦争の末期に、特攻を命じられて戦地に赴き、花と散っていった当時の若者たちの気持ちを思うと、戦後生まれの私でも胸が痛みます。

この国の美しい自然、温かい人の営み、秩序を保つための社会機構、目に見えない規範、道徳、——戦地に赴いた若者たちがアメリカという国から守ろうとしたのはそういうものだったでしょう。決して「国家体制を守るため」に命を捧げたのではないはずです。故郷の海や山、川、愛する家族や同胞と、彼らの住むこの国土を守りたいという純粋で崇高な気持ちだったに違いありません。

まさに「みんなのために（for all）」命を捧げたのです。「天皇のために（for one）」ではありません。みんなのために捧げられたその命に対して、はたして私たちは感謝し、崇敬する気持ちを持っているでしょうか。その人たちのことを戦争犯罪者の一部であるかのように考えているとすれば、大変な考え違いをしています。

全体（All＝日本の国民）のために尊い命を捧げてくれた人たち（Each＝戦争で亡くなった人たち）なのに、その人たちに対する感謝の気持ちを意識しない、表明しないということであれば、私たち日本国民は宇宙の法則に反していると言うべきでしょう。

戦後教育のなかで思想的な呪縛に陥り、そういう尊い犠牲者に対する感謝の気持ちも表現できなくなった哀れなこの国の波動がカルマとなって、自分のことしか考えられない人間を大量生産し、殺伐とした社会を生み出す結果になってしまったと言わざるを得ません。これは、戦後の日本人が生み出した新しいカルマだということができます。

これから人のカルマに基づいて選別が始まる

波動の法則とカルマの関係はご理解いただけましたか。

私たちはいま「終末」というゴールに向かってラストスパートをかけようとしています。競馬に例えるならば、第四コーナーを回って直線コースに入ってきた状態と言えるかもしれません。これからは脇見をしたり、力を抜いたりすることは許されません。ゴールへ向かって一直線に全力疾走しなくてはならないのです。

私自身のこれまでの人生を振り返ってみますと、物欲は普通の人より少なかったと思いますが、人間関係においては煩悩《ぼんのう》にまみれた人生を歩いてきました。田舎育ちで人間音痴だったため、意図せずして、あるいは自覚のないままに、多くの人を傷つけてきたことと思っています。深く反省しています。そのことが私自身のカルマとなって、この人生をつくり上げてきたのだと理解しています。清算すべきカルマは、まだまだたくさん残っていることでしょう。

いま終末というゴールを目の前にして、はたしてこれからの新しい時代に、新しい地球とともに生きることのできる人間として選ばれるのかどうかは、私にもわかりません。ただ、これまでの人生で得た（与えていただいた）多くの気づきをもとに、大切だと思う真理の一つひとつを実践していきたいと思っています。もちろん、それは「助かりたい」「選ばれる側になりたい」という浅はかな気持ちからではありません。（もしそんなことを思ったとしても、神様は全てお見通しですか

ら全く意味のないことです）
私がたびたび感じる神の意志は、「楽しみながら自分を磨け！」「他人様（世の中）の役に立て！」「この地球を何よりも大切に考えよ！」ということです。そして、「先のことをいろいろ思い悩まず、今を大切に生きよ！」という声が聞こえてきます。
それは、ひょっとしたら母なる地球の声を、私を導く霊的な存在が耳打ちしてくれているのかもしれません。
ここで、私の好きな俳句を紹介しましょう。

浜までは　海女も簑《みの》着る　時雨《しぐれ》かな

終末を前にして、人類社会に冷たい雨が降り注いでいます。私たちが愛する母なる地球も、やがては生まれ変わりのための大きなカタストロフィーのなかで、人類の英知が築いてきた文明そのものを破壊してしまうことになるのでしょうか。その予感は十分にしています。そのときが本当に二〇一二年なのかどうかはまだわかりません。しかし、決して遠くないだろうと思っています。現代文明は間違いなく、そして間もなく、壊れてしまうでしょう。
……が、最後のそのときまで、私は今のこの地球を大切にし、人間はもちろんそこに息づく多くの生き物、小動物や植物、山や海や川といった自然にいたるまで、大切に大切にしていきたいと考えています。精いっぱいの感謝の波動で返していきたいのです。
海にもぐればどうせ濡れるとわかっていても、その体に簑をかけて雨から守る海女《あま》さんの気持ち
——その気持ちを見習っていきたいと思っています。

《預言編》終末に関する預言（予言）を審神《さにわ》してみました

預言（予言）にみる終末についての記述

神次元の存在によって世に降ろされた預言（予言）を、フツーの人間が審神《さにわ》するのは恐れ多いことではありますが、大胆に挑戦してみました。いろいろな預言（予言）に目を通してみて、終末預言（予言）として信頼できると思われるのは、まず「日月神示（ひふみ神示）」、次に「大本神諭」と出口王仁三郎によるその他の予言書、そして新約聖書の三つではないかと思っています。

これ以外にも、部分的には旧約聖書、エドガー・ケイシー、ポール・ソロモン、ノストラダムスなどの預言（予言）も参考にすべき点はありますが、予言された内容がすでにはずれていたり、解釈が難しかったりと、一長一短があって全面的には信頼できないような気がしています。ファティマの預言をはじめとする聖母預言については、低級霊または邪悪な宇宙存在からのメッセージが多いということで、終末予言としては採用しないことにいたしました。

ここでは主として冒頭の三つの預言（予言）を中心に紹介していきます。

神の国の到来を預言する言葉

時は満ちた、神の国は近づいた。悔い改めて福音を信ぜよ。

（「マルコによる福音書」より。以下、聖書は全て日本聖書協会のものを引用）

「神の国」とは次元アップした地球のことを意味しています。一部のクリスチャンの間では「天国（あの世）」のことだと解釈されているようですが、「あの世が近づく」というのはどう考えてもおかしいのです。

御国が来ますように。みこころが天に行なわれる通り、地にも行なわれますように。

（マタイによる福音書）

この「御国《みくに》」も次元アップした新しい地球を意味する言葉と思ってよいでしょう。「天」は神次元の存在が住んでいる世界のことで、霊界など四次元以上の世界ということになります。「地」はこの三次元の物質地球ということです。この宇宙では、まず高次元の世界で起こったことが徐々に移写されてきて、物質次元に現れてくるといわれています。ですから、この祈りの言葉は、まず天で行なわれた神の計らいが、地にもその通りに行なわれることを願う言葉なのです。

三千世界、一度に開く梅の花。艮《うしとら》の金神《こんじん》の世になりたぞよ。梅で開いて松で治める、神国の世になりたぞよ。日本は神道、神が構わな行けぬ国であるぞよ。外国は獣類《けもの》の世、強いもの勝ちの、悪魔ばかりの国であるぞよ。日本も獣の世になりておるぞよ。これでは国は立ちてはいかんから、神が表に現れて、三千《さんぜん》世界の立て替え立て直しを致すぞよ。用意をなされ

よ。この世はさっぱり新《さら》つ世《よ》に替えてしまうぞよ。（『大本神諭／天の巻』出口ナオ／平凡社より）

「三千世界」は全ての次元ということで、霊界や幽界も含まれます。今回の立て直しはこの三次元の物質地球だけのことではないということです。「新つ世に替える」というのは、まさに物質次元の地球ではなくなることを意味しています。

その理由として、私たちがあこがれ、採り入れてきた西洋文明に問題があったことをハッキリ述べています。「強いもの勝ちの、悪魔ばかりの国」と、陰の世界政府が動かしている資本主義社会（お金で治める社会）の問題を指摘しているのです。私たちは、これからそのような生き方の反省を迫られることになります。

終末には光の尾を引いた星が現れる

新約聖書のヨハネの黙示録には、神の国の到来までの七年間が患難の時代として詳しく預言されています。天変地異や戦争、飢饉、疫病など、考えられる様々な出来事が述べられていますが、それとは別に、ノストラダムスの予言に少し気になる記述があるので拾ってみました。

光の尾を引いた星が現れるとき

三人の巨大な王子達が敵対するであろう
大地は揺れ動き、平和は空から打ち砕かれ
ポー川とティブル川は氾濫し、蛇どもは岸でとぐろを巻く（ノストラダムス）

「光の尾をひいた星が現れる」ということは、彗星のことを意味していると思われます。この彗星のことはノストラダムスの予言のなかにはたびたび出てくるのです。「蛇」はサタンの化身で、世界を陰から操る邪悪な勢力のことを指していると思われます。「とぐろを巻く」は、「集まって善くない相談をする状態」ということです。獲物（人類）をどう料理するかを検討しているのかもしれません。

それは北から現れるだろう
蟹座からほど遠からぬ所
髪をなびかせた明星が近づいてくる
スース・シェーナ・ボエチア・エリトリア
明け方、偉大なローマ人が死ぬであろう（ノストラダムス）

彗星は髪をなびかせて「北から現れる」と言っています。「偉大なローマ人」はローマ法王のことでしょう。

夜明けとともに巨大な炎が見られる
轟音と閃光が北の空に伸び
球型の中で死の叫び声が聞こえる
武器、炎、飢餓による死が人々を待ち受ける（ノストラダムス）

ここでも「北の空」と言っています。死の原因が「武器、炎、飢餓」であるということは、「戦争、火災、飢饉」が発生することを表しています。

金色の炎が空から降ってくるのが見える
高い所からの衝撃で、驚異の突発事が起こる
人類最大の殺戮
子らは強引に奪いさられ、観客たちは死に、
誇り高い者どもも逃げ去るだろう（ノストラダムス）

空から降ってくる「金色の炎」が何であるかは理解できませんが、たぶん彗星に関係があると思

われます。「高い所からの衝撃」も、彗星によるものでしょう。「子」は「光の子」のことです。つまり選ばれた光の子だけが、神の力によって別次元に上げられ、「観客」すなわち普通の人たちは死ぬということです。「誇り高い者ども」は、この地球を陰から支配している層（グローバルエリート）のことでしょう。終末のカタストロフィーのときには地球の地下深くにつくられている基地か、場合によっては宇宙ステーションなどに逃げていくということです。

大きな星が七日の間燃え続け
雲が二つの太陽を現すだろう
獰猛《どうもう》な巨犬は夜通し吠え続ける
偉大な法王が在所を替えるときに（ノストラダムス）

燃える彗星はついに二つ目の太陽のようになってしまうのです。ローマ法王も在所を替えると言っていますから、バチカンの宮殿が何らかの危機にさらされるのかもしれません。

大患難のフィナーレは「暗黒の三日間」

「暗黒の三日間」については、旧約聖書、聖母預言、ポール・ソロモンもその様子を伝えています。また、日月神示や新約聖書にも同じような記述がありますので、これはかなり信頼性が高いことだと思っています。
しかも、最近では地球がフォトン・ベルトの外側の部分にあるヌルゾーンというところに突入すると、太陽の光が全く届かなくなり、暗黒の状態が続くといわれています。しかも、そのヌルゾーンを抜けるまでにちょうど三日かかるというのです。このフォトン・ベルトの存在はアメリカの当局も公式に認めたということですが、その影響についてはもちろん発表されてはいません。はっきりわかっているのは、地球がフォトン・ベルトのヌルゾーンに突入する日は二〇一二年一二月二二日だということです。

この日は、マヤの暦が終わっている日だともいわれ、また、アメリカのテレス・マッケンナという科学者が独自の計算をした結果、いまスピードアップしつつあると見られる時間がゼロ・ポイントを迎える日だとも言うのです。この日が、いわゆる地球の次元アップスタートの日となるのでしょうか。そのとき、この三次元地球は海と陸が逆になるほどの大天変地異に見舞われるという予測もあるのです。

まずはその「暗黒の三日間」を予言する言葉に目を通してみましょう。

世界の大晦日ぞ。みそかは闇と決まっているであろうが。

(日月神示より。以下、日月神示は全て『改訂版ひふみ神示』岡本天明 筆/コスモ・テン・パブリケーションから引用。かな文字については現代かな使いに直しています)

さすがは人の心を暗くしないことに気を配った我が国最高の予言です。みそかの次には、心改まる新年がやってくることを暗示してくれています。

主の大いなる輝かしい日が来る前に、
日はやみに
月は血に変わるであろう（使徒行伝）

たちまち日は暗くなり、月はその光を放つことをやめ、星は空から落ち、天体は揺り動かされるだろう。（マタイによる福音書）

星が空から落ちてくるというのですが、その結果、地球が振動して、天体が揺り動かされたように見えるということでしょうか。

月は赤くなるぞ。日は黒くなるぞ。空は血の色となるぞ。流れも血じゃ。人民四つん這いやら逆立ちやら、ノタウチに一時はなるのであるぞ。（日月神示）

やはり、地球は大揺れとなるようで、人は四つん這いやら逆立ちやらということですから、立ってもいられないほどの激しい揺れに見舞われるということです。なんともリアルです。

地《くに》つちの軸、動くぞ。フニャフニャ腰がコンニャク腰となりて、どうにもこうにもならんことになるぞ。（日月神示）

地軸がぐらつくということですから、地球はよたよたした状態になるのでしょう。人が四つん這いになるのもわかります。

世の終わりには、どんな前兆があるのか

以下に、マタイによる福音書（新約聖書）のなかの終末の様相に関する部分を拾ってみます。

そこでイエスは答えて言われた。

人に惑わされないように気をつけなさい。多くの者が私の名を名のって現れ、自分がキリストだと言って、多くの人を惑わすであろう。また、戦争と戦争のうわさとを聞くであろう。注意していなさい。あわててはいけない。それは起こらねばならないが、まだ終わりではない。民は民に、国は国に敵対して立ち上がるであろう。またあちこちにききんが起こり、ま

た地震があるであろう。しかし、すべてこれらは産みの苦しみの初めである。

新約聖書の終末預言の特徴として、「偽キリストが現れて多くの人を惑わす」「戦争や内乱が起こる」「飢饉が起こる」「地震がある」ことをたびたび述べています。そして、それらは全て「産みの苦しみ」だというのです。何が生まれるのでしょうか？　これこそ「神の世」すなわち次元アップした新しい世の中が誕生するということです。

しかし、その時に起こる患難の後、たちまち日は暗くなり、天体は揺り動かされるであろう。そのとき、人の子のしるしが天に現れるであろう。またそのとき、地のすべての民族は嘆き、そして力と大いなる栄光とをもって、人の子が天の雲に乗ってくるのを、人々は見るであろう。

また、彼は大いなるラッパの音とともに御使いたちをつかわして、天のはてから地のはてに至るまで、四方からその選民を呼び集めるであろう。

ここも終末予言のハイライトです。「たちまち日は暗くなり、天体は揺り動かされる」とあります。すでに紹介しましたように、終末の仕上げは「暗黒の三日間」なのです。天体が動くということはどういう状態をいうのでしょうか。「人の子」というのは、キリスト教を信ずる人たちの間では救世主のことと理解されているようです。しかしながら、イエス自身が「人の子」と呼んでいるのですから、イエスのことではないはずです。

旧約聖書にも似たような記述が随所に出てきますが、この「人の子」をどう解釈するかが重要で、また最も難解です。私は「高位次元の存在」を指していると思っています。日月神示と合わせて読むと理解できるのですが、終末において人がイエスと同じように次元アップ（アセンション＝復活、昇天）するためには、高位次元の存在の手助けが必要なのです。俗に「守護霊」「守護神」と呼んでいる存在です。あるいは「エンジェル」と呼ばれている存在かもしれません。

「天のはてから地のはて」とありますが、天は高位次元のこと、地はこの三次元の物質世界を意味しています。終末には地球が次元アップしますので、そこに住めるのは次元アップした存在（選民）だけということになるのです。

いちじくの木からこの譬《たと》えを学びなさい。その枝が柔らかになり、葉が出るようになると、夏の近いことがわかる。そのように、すべてこれらのことを見たならば、人の子が戸口まで近づいていると知りなさい。よく聞いておきなさい。これらの事が、ことごとく起こるまでは、この時代は滅びることがない。天地は滅びるであろう。しかしわたしの言葉は滅びることがない。

偽預言者たちの出現、戦争、飢饉、地震、……これら全てが現れたら、人の子が近づいているということです。「戸口まで近づく」という場合の「戸口」というのは私たちの肉体の入口ということでしょう。高位次元の存在がこの肉体に憑依する態勢に入ることを意味していると思われます。そのことによって私たちはアセンション（昇天）することができるのです。ただし、その時点で一定レベルまで肉体の波動を高めている「選民」だけに限られるようですが……。「天地が滅びる」とあります。「天」は霊界、「地」は現在の物質界としますと、その二つが同時に次元アップするという意味です。

イエスは新しい時代が始まるまで登場しない

このイエスは、神が聖なる預言者たちの口を通して、昔から預言しておられた万物更新の時まで、天にとどめておかれねばならなかった。（使徒行伝）

終末の救世主として期待されているイエス・キリストですが、少なくとも新約聖書の主役であるイエスについては、万物更新（次元アップ）のときまでは登場しないことを、ここではっきり述べています。キリスト教を信仰している人たちの間には「終末には救世主が現れて選ばれた人たちを救ってくれる」というメシア待望論が根強くあると思われますが、その救世主とはいったいどういう存在なのでしょうか。場合によってはキリストを標榜する偽キリストかも……。

やはり我が国の予言が教えるとおり、終末は救世主を待望する前に、まず一人一人が自分の心の立て直しをすることが大切であるように思います。

それでは、次に我が国最高の予言書である「日月神示（ひふみ神示）」に目を通してみましょう。

日月神示は、黒住教、金光教、天理教、大本教と続く神道系の宗教団体の教祖に、リレーするかのように降ろされた神示のアンカーだといわれています。その出現が当時の大本教教祖の出口王仁三郎によって予言され、やはり大本教にかかわっていた岡本天明という人物を通じて自動書記の形で表されたものです。

その内容はほとんどが和数字や記号で表されていて、当初は天明自身も全く理解できなかったといわれています。それが解読され、文章化されたものを「日月神示」、数字や記号のままの原文を「ひふみ神示」と呼んでいます。

日月神示が教える終末の生き方

何もかも三分の一じゃ。大掃除して残った三分の一で、新しき御代の礎と致す仕組みぢゃ。三分難しいことになっているのを、天の神にお願い申して、一人でも助けたさの日夜の苦労であるぞ。

終末のカタストロフィーを経て、新しい地球とともに次元アップできるのは三分の一だということです。ただし、これはいま肉体を持って生きている人以外に、死んで霊界にいる魂も含めてのことになります。私たちのご先祖様も(その後、生まれ変わっていなければ)対象となっているのです。

太陽は十の星を従えるぞ。原子も同様であるぞ。物質が変わるのであるぞ。人民の学問や智では判らんことであるから、早う改心第一ぞ。

現在は太陽系には九つの惑星がありますから、一つ増えることになります。これがノストラダムスの予言に出てくる星のことかもしれません。最近地球に接近していると噂されている「ニビル」という星も有力な候補でしょう。「物質が変わる」とあるのは、物質の波動が精妙になり、半霊半物質になるという意味です。

神にささげずにむさぶるからメグリつむのじゃ。メグリが不運となり、病となるのぢゃぞ。運ひらくには食物つつしめばよい、言葉つつしめばよい。

メグリはカルマのことです。自分の言葉や食べ物、想念などの波動によって、その波動がつくり出す世界を体験することになります。つまり、病気などの不運となって巡ってくるというわけです。

その人間にメグリなくてもメグリ負うことあるぞ。人類のメグリは人類の誰かが負わねばならん。一家のメグリは一家の誰かが負わねばならん。果たさねばならん。

人類や民族、国家、先祖などのカルマも背負う必要があるということは、前章で述べてきた通りです。仏教にも同じような教えがあります。

メグリというのは自分のしたことが自分にめぐって来ることであるぞ。メグリは自分でつくるのであるぞ。他を恨んではならん。

祓《はら》いせよと申してあることは何もかも借銭《しゃくせん》なしにする事ぞ。借銭なしとはメグリなくすことぞ。昔からの借銭は誰にもあるのざぞ。それ払ってしまうまでは、誰によらず苦しむのぞ。人ばかりでないぞ。

潜在意識のなかにため込まれた私たちのカルマは、終末までに全て発散(昇華)させなくてはならないのです。発散する過程で病気になったり、事故などの災難に遭ったり、人間関係で苦労したりするわけですが、残っているカルマが大きい場合は、天変地異に巻き込まれるという最大の恐怖を味わうことも避けられないかもしれません。私の表現で言えば「人一倍大きい予防注射を打たれる」ということです。それを恐れると、また新たなカルマを創造しますので、そのような事態に遭遇しても、決して恐れないことが大切なのですが……。

人間をほめることはよいことじゃ。ほめて、その非をさとらせよ。罪ゆるすことぢゃ。ものの生かすことじゃ。生かして使うことじゃ。神示《ふで》ひろめることぢゃ。やってみなされ。必ずうれしうれしとなるぞ。栄えるぞ。

仏教の法華経のなかに「常不軽菩薩《じょうふきょう》」という話が載っています。どんなに自分のことを悪く言ったり、いじめたりする人に対しても、常に両手を合わせて拝む習慣のある人の話ですが、これがカルマをつくらない生き方ということです。新約聖書にも全く同じことが述べられています。

味方同士が殺し合うこともある

味方同士が殺し合う時、一度はあるのざぞ。大き声で物言えん時くると申してあろがな。これからがいよいよざから、その覚悟していてくだされよ。（中略）ちりぢりばらばらになるのざぞ。一人ひとりで何でも出来るようにしておけよ。

「味方同士が殺し合う」というのはどのような状態を言っているのでしょうか。「大き声で物言えん」ということですから、我が国も一種の統制社会になることを暗示しています。
そんななかで家族がバラバラになる場面もあるということです。一人で終末の苦難に直面する事態になっても、自暴自棄になったり、恐怖で動けなくなったりしないように、普段から心の鍛錬をしておく必要がありそうです。もちろん、人は助け合うことが大切なのは言うまでもありませんが、助けてほしいという依存心よりも、人の力になろうという気持ちのほうが神の心にかなっているのです。

どこにどんな事していても、助ける人は助けるのざぞ。神の御用ある臣民《しんみん》安心しておりてくだされよ。火降りても槍《やり》降りてもびくともせんぞ。

一番大切なことは、全能の神を信じること。最終的には助かるのだという安心感を持てなくてはいけません。目の前の出来事に一喜一憂することなく、落ち着いて行動することが大切だということです。

覚《さと》った方神示説けよ。説いて聞かせよ。信ずる者皆人に知らしてやれよ。神示読んで嬉しかったら、知らしてやれと申してあろうが。

「気づきを広げること」――仏教で言うと「法施《ほっせ》」です。これが最も大切なのです。気づきを得てレベルアップした波長の人たちの念が一つになって集合意識を形成し、この世を浄化していくのです。

肉体があるうちに改心しておくことが大切

生命あるうちに神の国のこと知らずに、死んでから神の国に行くことは出来んぞ。(中略)肉体あるうちに改心しておかんと、霊になっての改心なかなかぞ。

これは、これまでさまざまな霊界通信によって、死後の世界の話として最も強調されてきたことです。肉体があるときに覚らないと、霊体になったら波長が定まってしまいますから、それから周波数を高めることは難しいということを言っています。

善いと思うことをすぐ行なうのがミタマ磨き

人間それぞれのミタマによって役目違うのであるぞ。手は手、足は足と申してあろう。何もかもマゼコゼにやるから結びつかんのぢゃ。

ミタマ磨けてさえおれば、心配なくなるぞ。心配は、磨けておらぬ証拠ぞ。ミタマ磨きとは、善いと感じたこと直ちに行なうことぞ。

「善いと感じたこと直ちに行なうこと」が大切だということです。前に、タバコをやめる場合の「一本の誘惑」という話をいたしましたが、私たちの心の調律で一番難しいのがこの誘惑を振り払うということです。

誘惑には二種類あって、「〜をしたい」というものと、「〜をしたくない（怠けたい）」というものがあります。しかしながら、一人ひとりの心にささやきかけてくる誘惑の声は、波動がよく似ているのです。

①誰でもやっていることだから、やってもかまわないだろう。（と自分を許して、やってはいけないことをする）
誰もやっていないことだから、やらなくてもいいだろう。（と自分を許して、やるべきことをしない）

②今回だけだから、やってもかまわないだろう。（と自分を許して、やってはいけないことをする）
今回はパスして、次からやろう。（と自分を許して、やるべきことをしない）

タバコやお酒をやめようとか、日記をつけようとか、間食を減らそうとか、自分の成長・進化にとって良いことをしようと思うと、人の心に必ず「一本の誘惑」がやってくるのです。この誘惑に勝てない人は、ミタマ磨きができないことになります。

政治家で贈収賄の罪に問われる人も、最初は「誰でもやっていることだから」という気持ちで自分を許していくのです。あるいは「この程度の（小さな）金額だから」という許し方もあるでしょう。それがホコリとなって潜在意識に蓄積されていき、やがてメグリとして運命に影響を与えていくことになってしまいます。新しい時代、次元アップした地球では、そのようなメグリがあると生きていけないということです。今から、新しいメグリをつくらず、過去のメグリを解消していくために、「善いと思ったことはすぐに行なう」ことを心がけたいものです。

神示を読めば心のホコリがとれる

毎日、一生懸命に掃除していても、何処かにホコリ残るもんぢゃ。まして掃除せん心にホコリつもっているくらい、誰にでも判っているのであろうが。神示で掃除せよ。

心のホコリをとるために掃除をすることを、「砂に書いた文字」という表現で述べてきました。1日が終わり、眠りにつくときまでに、心のホコリをとり、それが潜在意識のなかにため込まれないようにすることが大切だということでした。ここでは、「神示《ふで》で掃除せよ」とヒントが書かれています。日月神示という素晴らしい波長の書物を声に出して読んでいると、共鳴の法則によって私たちの波長が高められるということです。「読書百遍意自《おの》ずから通ず」という言葉もありますが、理解できないと思う本でも、それを何回となく、できれば音読をしていると、いつしか本の波動が伝わってきて、内容まで理解できるようになるということです。これも共鳴の法則で説明できます。私は過去二〇年ほど、毎朝般若心経を唱えることを日課にしてきましたが、仏教の解説書を読んでも理解できなかった「空」の意味が、最近突然に理解できるようになりました。それというのも、毎日般若心経の波動に親しんできたため、共鳴の法則によってその影響を受けたのだと思っています。

音楽や絵画も一流の作品に触れていると、その影響で波動が高められ、ますます耳や目が肥えてきて、作品の本当の素晴らしさが理解できるようになりますが、これも同じことを表しています。そういう意味では、友達を選ぶのと同じように、読む本も波長の高いものを選ぶようにしたいものです。そして、夜寝る前に、そのような本を音読してから寝る習慣を、すぐにでも実行していただくならば、潜在意識に悪いカルマをためることはないと思います。逆に素晴らしい波動を送りながら眠りにつけますので、ますます波長を高めることができるでしょう。

「金で世を潰して、ミロクの世と致す」

金で世を治めて、金で潰して、地固めしてミロクの世と致すのぢゃ。

この「金で潰して」というところに注目してください。金すなわち「経済至上主義」が地球を壊してしまったのです。しかし、それも必要なことだったのです。その反省のなかから、心の地固めをして、いよいよミロクの世を迎えることになるのですから。

他のために行ぜよ。神は無理申さん。初めは子のためでもよい。親のためでもよい。自分以外の者のために、まず行ぜよ。奉仕せよ。嬉し嬉しの光さしそめるぞ。はじめの世界ひらけるぞ。

これもすでに述べてきたことですが、「個は全体のために。全体は個のために」と同じことを意味しているのだと思います。まず自分以外の身近な人に与えることから始めるのです。「行」すなわち「他に与える」ものは「物」とは限りません。いたわりの言葉であったり、肩をもんでやることであったり、愛情を込めて料理をつくることだったり、いろいろあります。しかし、子や親は自分の分身のような存在ですから、「万人のために」行ずるようになるための、ほんの入口だということです。それでも、「自分だけが大切」と思っている人よりは一歩を踏み出したことにはなるでしょう。

獣となる人は同胞を食べることもある

今の内に神徳積んでおかんと八分通りは獣の人民となるのざから、二股膏薬《ふたまたこうやく》ではキリキリ

舞いするぞ。キリキリ二股多いぞ。獣となれば、はらから食うこともあるぞ。

「二股膏薬」とは、自分にハッキリした考えがなく、あっちについたりこっちについたりすることをいう、と辞書に書いてあります。二股の一つは「ミロクの世で生きるために魂を磨いていく」ことを言います。もう一つは「現世利益」でしょう。この世の価値観で、お金や名誉、地位など、物質的な繁栄を求めることです。霊的側面よりも物質的側面に重点を置いた生活ということで、これを「体主霊従《たいしゅれいじゅう》」と呼びます。逆に、心の問題を重視して生きることを「霊主体従」と言って、ミロクの世の生き方とされているのです。

これまでのような体主霊従の生き方をしていると、「光の子」でなく「獣」となってしまうというわけです。そして、獣は食料が不足すると「はらから（同胞）」つまり同じ人間を食べることになるぞと警告しています。太平洋戦争で生還した人のなかに、死亡した仲間の肉を食べたことを告白している人がいました。また、外国のことでだいぶ古い話ですが、雪の積もった山中に不時着した飛行機の乗客が、救助されるまでの間、死亡した人の肉を食べて生き延びていたという話もありました。極限的状況になると人は獣の相を顕してしまう恐れがあるのです。そのような獣的側面を顕すことのないように、神示は「神徳を積め」と警告しているのです。

大峠の最中になったらキリキリ舞いして、助けてくれと押し寄せるなれど、その時では間

に合わん。逆立ちしてお詫びに来ても、どうすることもできん。皆己の心であるからぞ。

気づきの遅い人は、結局最後の土壇場で大慌てということになるでしょう。でも、そのときではもう手遅れだということです。神さまでもどうにもできないのです。なぜなら、自分の心（潜在意識にため込んだ波動）が変わっていないから、どうにもできないということです。人には自由意志が与えられていて、その心の調律は、自分でしなくてはいけないルールなのです。

人に知られぬように善いことを積め

人に知れんように善いことつめと申してあろうが。人に知れんようにする善いこと神心ぞ。神のしたことになるのざぞ。

「陰徳」ということで述べてきました。聖書にも同じような記述があります。イエスが「右手で人に施しをした場合、そのことを左手にも知らせてはいけない」と教えているのです。せっかくいいことをしても、「私がしてやった」と思う気持ちを持つと、逆にマイナスのおつりがついてくるかもしれません。

大掃除はげしくなると、世界の人民皆、仮死の状態となるのぢゃ。掃除終わってから因縁

のミタマのみを神がつまみあげて、息吹き返してミロクの世の人民と致すのぢゃ。

大掃除というのは、終末の大天変地異によって人類の集合的無意識の乱れを浄化していくことを言うのでしょう。地球の大掃除ということでもあります。その段階で世界の人民は皆、仮死の状態になるということです。つまり、私たちは全員、肉体の死は避けられないことになります。その後で、因縁のミタマ、つまり「光の子」だけが息を吹き返して、次元アップした地球の人民となるのです。

自分に降りかかって来る一切のものは最善のものと思え。如何なる悪いこともそれは最善のものであるぞ。（中略）**世を呪うことは自分を呪うこと。世間や他人を恨むことは自分を恨むこと。このこと覚れば一切はそこからひらけくるぞ。**

自分の回りに起こることは、それは過去に潜在意識のなかにため込んだカルマが形をとる姿です。だから、心を動揺させることなく「あ！　これでカルマが一つ消えていく」と、逆に感謝の気持ちで受けとめることが大切であるということです。それは体の病気という形をとったり、他人から裏切られるという形をとったり、いろいろあるでしょう。そのときでも、世の中や他人を恨んではいけないと教えているのです。世の中の全ての存在は一つにつながっていて、それは自分自身でもあるわけですから、世の中を恨むことは自分を恨むことだというわけです。私が波動の法則として説明してきたことと同じ内容が述べられています。

人は死ぬ時の想念のままの世界に住む

死ぬ時の想念のままの世界に住むのであるぞ。この世を天国として暮らす人、天国へ行くぞ。地獄の想念、地獄生むぞ。

これも波動の法則で説明するとわかりやすいと思います。人が死ぬと、肉体を持っているときにつくり出した波動の世界に引き寄せられていくということです。天国的波長の人は天国的な世界へ、地獄的波長の人は地獄的世界へ引き寄せられることになります。

死とは住む段階の違う場合に起こる現象ぞ。死とは生きることぞ。変わることぞ。霊人も幽人も衣類を着て、食べ物食べて、家に住んで、庭もあれば道もあり、町もあれば村もあり、山も川もあり、全てが地の上と同じぞ。天国がうつって地ができているのぢゃ。霊の国は更に立派、微妙ぞ。天界のもの光輝き、幽界のもの暗くなる違いあるだけぢゃ。その時の状態によって変化するが、すべては神が与えたのぢゃ。現界同様、与えられているのぢゃ、と知らしてあろうがな。時間、空間もあるのであるが、ないのであるぞ。同じ状態にあれば同じ

所に住み、変化すれば別の所に住むのであるぞ。
見ようと思えば、念の中に出てきて、見ること、語ること出来るのぢゃ。見まいとすれば見えんのぢゃ。自分で見、自分で語るのぢゃぞ。時、所、位、総てが想念の中、想念のままに現れてくるのであるぞ。幾重にも重なってあるのであるが、各々別にあるのであるぞ。

私たちは肉体の死によって無の世界に行くわけではありません。魂は生き通しですから、肉体を持っていたときと同じ意識を持って、物質のない波動の世界に行くわけです。というより、本来の自分の波動と同じ世界に行くことになります。肉体という物質の波動で制約されなくなりますから、自分の波動そのものの世界に行けるのです。

末尾の部分に「幾重にも重なっている」とあるのは、波動の周波数の違いで何重にも並行して存在していることを言っています。私たち人間は、肉体という最も粗い波動の体以外にも、エーテル体、アストラル体など、重なり合った複数の体を持って、いくつかの世界に同時に存在しているのです。ただ、物質としての肉体を持っているときはこの物質世界の波動しか認識できないだけのことです。

死んでその肉体の制約がなくなると、幽界または霊界という精妙な波動の世界に入りますから、肉体を持って生きているときの波動の傾向が強調されることになります。地獄的波長の人は全くの地獄絵図を見ることになり、天国的波長の人はいつも嬉し嬉しの世界となるのです。ここでも、これまで数多く出されてきた霊界通信と全く同じ内容が述べられています。

一度死なければ生き返れない

人民一度死んでくだされよ。死なねば甦られん時となったのぞ。今までの衣を脱いでくだされと申してあろう。世が変わると申してあろう。地上界の総てが変わるのぞ。人民のみこのままというわけには参らぬ。死んで生きてくだされよ。立て替え、立て直し、過去と未来と同時に来て、同じところでひとまず交じり合うのであるから、人民にはガテンゆかん、新しき世となる終わりのギリギリの仕上げの様相であるぞ。

「今までの衣を脱いでくれ」と言われています。「物質としての肉体に対する執着をなくせ」ということでしょう。「死んで生きる」ということは、肉体を失って、霊体で生きるということです。地上界の総ての存在の波動が高くなるわけですから、人間だけがそのままということにはならないのです。

「過去と未来と同時に来て」という意味は、説明が難しいのですが、要するに別世界には、すでにこの物質世界にはいなくなった人や生き物なども存在しているわけですから、それらが全て一緒になってふるいにかけられるということです。そのなかから、新しい地球すなわちミロクの世に必要な人や生き物だけが残されるということです。亡くなった人が生き返り、絶滅したと思われる動物なども再度デビューすることになるでしょう。
さらには、すでに人類の想念がつくり上げつつある未来の社会も、新しい地球に必要と判断されるものは実現した姿で現れるということです。さまざまな発明なども、コンセプトとして生まれたものは、霊界では一足先に完成しているからです。この説明を聞いても、やはりガテンがいきませんか？

最も苦しいのは一年と半年、半年と一年であるぞ。死んでからまた甦られるように死んでくだされよ。マコトを心に刻みつけておりてくだされよ。

二〇一二年が終末のギリギリであるとすれば、その三年（一年半＋一年半）前の二〇一〇年あたりからが最も苦しい時代になりそうです。「死んでも（ミロクの世の住民として）甦られるように」死んでくれと言われています。「心の調律をして波動を高めておけ」というふうに受けとめたいと思います。

幽界に行く人は二度と帰ってこられない

この世の位もいざとなれば宝も富も勲章も役には立たんのざぞ。この世去って役に立つのは身魂《みたま》の徳だけぞ。身に付いた芸はそのまま役立つぞ。人に知れぬように徳つめと申してあろうがな。神の国に積む徳のみ光なのざぞ。今までは闇の世であったから、どんな悪い事しても逃れることできたが、闇の世はもうすみだぞ。思い違う臣民沢山あるぞ。どんな集いでも、大将は皆思い違うぞ。早うさっぱり心入れ換えてくだされよ。神の子でないと神の国には住めんことになるぞ。幽界《がいこく》へ逃げて行かなならんぞ。二度と帰れんぞ。幽界行きとならぬよう、根本から心入れ換えてくれよ。一度にどっと大変が起こるぞ。

この世界で身につけた財産や地位、名誉などがあの世に持っていけないことはあなたも理解できると思います。役に立つのは「身魂の徳だけ」とのことです。つまり、自分が高めた波動だけだということです。「身に付いた芸」はそのまま役立つということですから、仕事や芸術の分野などで磨いた技術は新しい世界でも使えるということですね。このことは、他のさまざまな霊界通信でも言われていることです。

「徳」の場合はやはり陰徳でないといけないようです。新約聖書でもイエスが「天の蔵に積まれる」のは隠れてなされた善行だけだと教えています。他者からの感謝の言葉や周りの賞賛を期待しての善行は、動機が不純ということです。それは本当に相手（対象）のことを思っての善行ではなく、自分のこと、つまり自分が何らかの評価を受けることを第一に考えての行為だからです。

聖書もそうですが、日月神示には「人に知られぬように徳積め」とくどいほど述べられています。それは道徳的視点からではなく、霊的視点からの忠告なのです。つまり、人の波動を高めるために、あえて人に知られないところで善行を行なう必要があるということなのです。
前に「情けは人のためならず」にも落とし穴があると申しましたが、どこからか見返りがくることを打算しての善き行為は、価値が小さいということです。潜在意識はその微妙な心の動きをきっちり把握してしまうからです。

また、陰で隠れて悪い行ないをすると、それもきっちり把握されます。この物質の世界では、潜在意識の中身が表面化するまでに時間がかかりますが、いずれ明らかになっていきます。場合によっては生まれ変わった次の人生に、カルマとして顕れてくることもあるのです。あるいは、生まれ変わりのチャンスがない魂は、自分は幽界で苦しみ、その子孫が人生の不幸や不運という形で、先祖の代わりにカルマの清算をさせられることになります。

最近は時間の流れが加速されつつある関係で、隠れたところでなされている悪行がすぐに露見するようになっています。政治家の不正や、一流といわれてきた企業の不始末が、次々とマスコミをにぎわすようになっているのはそのためです。老子に「天網恢々《てんもうかいかい》疎《そ》にして漏らさず」という教えがありますが、まさに天は一つも見逃すことなく、人の行為を把握しているということです。

往々にして、大きな組織や団体のトップ（大将）ほど思い違いをして、自分や自分の組織のために悪事を働くということが指摘されています。そういう人たちは神の国には住めませんから、「幽《がい》界《こく》」つまり波動の粗い地獄的世界に行くことになる、という警告だと受け止めなくてはいけません。

しかも、これまでは幽界でも、気づきを得れば少し高い霊界にまで上がることができ、場合によっては再び人間に生まれ変わって修行をし直すことも可能でしたが、今度は「二度と帰れん」ようになるのです。

私たちの心の動きは全て神様に把握されていますので、善いと思うことも悪いと思うことも、それを覚悟のうえで行なうことが大切だということです。善いことをしても他者にそのことをわからせようとする必要はありませんし、悪いことをすれば、それも決して隠すことはできないということです。新しい地球、新しい世界では、心のなかのものがすぐに相手や周りに伝わってしまうといわれますから、それが普通の生き方になるのでしょう。

住む家も、着るものも、食べる物もなくなる

日に日に厳しくなりて来ると申してありた事始まっているのであるぞ。まだまだ激しくなって、どうしたらよいか判らなくなり、あっちへうろうろ、こっちへうろうろ、頼る処も着るものも住む家も食う物もなくなる世が迫って来るのだぞ。それぞれにメグリだけの事はせなならんのであるぞ。早い改心はその日から持ちきれないほどの神徳与えて、嬉し嬉しにしてやるぞ。寂しくなりたら訪ねてござれと申してあろがな。洗濯次第でどんな神徳でもやるぞ。神はお陰やりたくてうずうずしているのざぞ。今の世見ても、まだわからんか。神と獣とに分けると申してあろが。早うこの神示読み聞かせて、一人でも多く助けてくれよ。

着るものも、住む家も、食べるものもなくなる世が迫っているということです。終末現象のなかで、私たち一人ひとりが、それぞれのメグリ（カルマ）の清算をさせられるということです。しかしながら、早い改心をすれば嬉し嬉しにしてもらえるのです。

表面に現れてきたカルマを目の前にして、悲観したり、恐怖したり、呪ったりする気持ちになるのは獣の波動です。そのときにまた新しいカルマをつくってしまうことになります。

カルマは病気の症状のようなもので、潜在意識のなかに蓄積された過去の善くない心の傾向が形をとっているのです。形をとればそのカルマは消えていきます。病気も熱や咳、体の痛みなどの症状として現れますが、薬を使ってその症状を和らげたり、なくしたりせずに、カルマが消えていくのを心静かに待つべきなのです。

ところが、最近の人は症状を病気そのものと勘違いしていますから、心を動揺させ、不安な気持ちになって、薬の力で症状を抑えてしまいます。そのため、病気の根はそのまま残り、また何かをきっかけに次の芽（症状）を出してくるのです。

終末における私たちの心の持ち方も全く同じです。過去につくったカルマを清算してしまうわけですから、いろんなことが次々に出てくるわけです。食べるもの、着るもの、住む家などに不自由するのも、そのカルマが発散（昇華）していく姿なのです。恐れるのでなく、むしろ感謝しなくてはいけないのです。それが「改心」すなわち「心を改めること」の意味なのです。

子が天国で親が地獄ということもある？

今度は親子でも夫婦でも同じように裁くわけにはいかんのざ。子が天国で親が地獄というようにならんようにしてくれよ。一家揃うて天国身魂となってくれよ。国皆揃うて神国となるようつとめてくれよ。

この終末の時代に、縁あって同じ家族として生まれた以上、次の新しい地球でも一緒に生活したいと思うのが人情でしょう。それに執着しすぎると煩悩が生まれ、新しいカルマをつくってしまいますが、それを願ってともに努力をすることは価値のあることです。自分だけ助かろうとする気持ちでなく、せめて家族揃って、そしてできればこの人生でご縁のあった人たち全員が、あるいは全ての日本国民が、……という考えになれることが大切だと教えているのです。

何事に向かってもまず感謝せよ。ありがたいと思え。初めはまねごとでもよいぞ。結構と思え。幸いと思え。そこに神の力加わるぞ。道は感謝からぞ。不足申せば不足うつるぞ。心のままとくどう申してあろうが。病気でないと思え。弥栄《いやさか》と思え。病治るモト生まれるぞ。キがもとぞ。何事くるともなにくそと思え。神の力加わるぞ。おそれはおそれ生むぞと申してあろうが。

もの与えることなかなかぢゃ。心してよきに与えねばならんぞ。与えることは頂くことと知らしてあろうが。与えさせて頂く感謝の心がなくてはならん。強く押すと強く、弱く押すと弱くはね返ってくるぞ。自分のものというもの何一つないぞ。この事わかれば新しき一つの道がわかるぞ。

最近では、感謝することの大切さについて書かれた本もたくさん出されていますので、ほとんどの人が知識としては理解していると思います。しかし、多くの場合、現世利益の観点から述べられていたり、「自分の持っている幸せ探しをして、その一つひとつに感謝しよう」というふうに、感謝の対象が限定的なものになっています。

ここでは、「何事にも感謝せよ」と教えています。人に物を与えても、与えさせていただくという感謝の心がなくてはいけないとも。これは、やはり波動の法則を述べているのでしょう。「強く押すと強く、弱く押すと弱く」というのはそういう意味です。作用・反作用の法則によって、強い感謝の波動には強い感謝の波動が返ってくるということを言っています。

先祖は肉体人を土台として修行するぞ。メグリだけの業をせねばならん。

肉体を失って霊界にいるご先祖様は、子孫である私たちに頼って波動の修正をはかっているのです。地球の次元アップまであとわずかとなりましたので、もう生まれ変わって修行をし直すチャンスはありません。そこで、自分が蒔いた種を、子孫を使って刈り取ることになります。私たちがちゃんとした気づきを得て、波動を高めてくれることを、霊界から固唾《かたず》をのんで見守っているのです。そういう意味では、肉体を持って終末を迎える私たちは、その霊系統の代表選手というわけですから、大変責任が重いということになります。

改心しない人には地獄への道が明るく見える

人民も改心しなければ、地の下に沈むことになるぞ。神が沈めるのではない。人民が自分で沈むのであるぞ。人民の心によって明るい天国の道が暗く見え、暗い地の中への道が明るく見えるのであるぞ。

「地の下に沈む」というのは波動の粗い「幽界《がいこく》」に閉じこめられるということでしょう。それは、死後の世界と同じで、自分の波動が同調するから引き寄せられるということです。心の波長のレベルが低いと、地のなかへの道が明るく見えるので、そちらに行ってしまうということです。

人ほめるものと思え。言霊幸《さき》はふぞ。それが人の言葉ぞ。わるき言葉は言ってはならんぞ。言葉はよき事のために神が与えているのだから忘れんようにな。（中略）

言葉で天地にごるぞ。言波《ことば》で天地澄むぞ。戦なくなるぞ。神の国になるぞ。言波ほど結構な恐いものはないぞ。

ささげるもの、与えるものは、いくらでも無限にあるではないか。ささげよささげよ。与えよ与えよ。言《こと》こそは誰もがもてるそのささげものであるぞ。与えても与えても無くならんマコトの宝であるぞ。

言葉の大切さについては「希望編」のところで「波動の法則」として説明しました。言葉は私たちが発信すると同時に受信することにもなる強力な波動です。陰で他人の悪口を言っても、自分が聞いているわけですから、自分に対して悪い作用をしますし、また天の蔵にも悪い波動をため込んでいくことになります。ですから、言葉で天地がにごると述べられているのです。それは発信者のカルマとなって、その人の運命に影響を与えていきます。

逆に、感謝や励ましやいたわりなどの善い言葉は、対象となる人だけでなく、宇宙全体に善い波動を広げていくのです。世のなかをよくするためには、常に善い言葉をつかうこと、少なくとも悪い言葉を使わないことが大事だということです。新約聖書にも仏教の経典にも全く同じことが書かれています。

人間は何を食べるべきか

一升マスには一升入ると思っているなれど、一升入れるとこぼれるのであるぞ。腹一杯食べてはならん。死に行く道ぞ。二分をまず神にささげよ。

食物、食べ過ぎるから病になるのぢゃ。不運となるのぢゃ。

腹十分食べてこぼれる、運はつまってひらけん。この判りきったこと、何故に判らんのぢゃ。ツキモノがたらふく食べていることに気づかんのか。食べ物節すればツキモノ改心するぞ。

私たちは食べ物から波動をとり入れることになりますので、農薬や添加物などで汚された今日の食べ物はとりすぎないほうがよいのです。また、健康上の問題とは別に、小食は運命をよくするという考え方もあります。しかしながら、美食と飽食に慣らされた現代人にはちょっと難しい注文かもしれません。ですから、「獣側に行ってもいいから、今の食生活はやめたくない」という方は、今の食生活をお続けになったらいいと思います。ただし、近い将来に食糧危機が来て、空腹の苦しさという形でカルマの清算をさせられる可能性は高いと思います。

そのとき、満腹に慣れた胃袋は、なかなか辛抱してくれないのではないでしょうか。

ツキモノというのは、別次元(幽界)の低級霊という意味です。肉体を失った後もこの世の食べ物に未練のある未成仏霊が、自分と同じような食欲旺盛な人間に憑依《ひょうい》して、その人間を通じて食べ物（の波動）を口にするのです。本人が食べているようにみえますが、実は低級霊の口に入っている場合が多いということです。ですから、大食漢といわれる人、どうしても間食癖が抜けない人、甘い物に眼がない人、アルコール依存度の高い人などは注意が必要だということです。

食べる量をコントロールすることによって、人間に懸かっている霊を改心させることができると述べられています。これも終末の時代には大変重要なことでしょう。

牛の食べ物食べると牛のようになるぞ。人間の食べ物は定まっているのだぞ。獣と神が分かれると申してあろうがな。縁ある人々に知らせておけよ。日本中に知らしておけよ。世界の人々に知らせてやれよ。

牛の食べ物とは何を指しているのでしょうか。牛は本来は草を食べています。しかしながら、ここでは「草を食べると牛のようになるぞ」と述べているのではないと思います。

牛の食べ物で人間が口にしているのは牛乳と、チーズなどの乳製品です。子牛は母親の乳すなわち牛乳を飲んで急成長しますが、その寿命は二〇年そこそこで、人間の約四分の一しかありません。ですから、牛乳は「早熟早衰」の波動を持っているということができます。牛の骨に含まれるカルシウムは、人間の骨のカルシウムとは組成が違っているのです。

人間の赤ちゃんでも、ミルクで育てると体の成長は早いのですが、骨の組成が粗いため、すぐ骨折するようになり、また内臓などの老化も早いのです。ブロイラーや養殖の魚を見てもわかりますが、人工的に早く育てられた生き物は、自然に育ったものに比べて肉に締まりがありません。また、病気などに対する抵抗力も弱いのです。

ただ、ここで述べられているのは健康上の問題ではなく、霊的視点つまり波動の問題です。牛の食べ物を食べていると牛のような波動になるので、獣の側に引き寄せられることになるぞと警告しているのです。しかも、このことは「世界中に知らせてやれよ」というほど重要な問題だということです。

四つ足を食ってはならん。共食いとなるぞ。草木から動物生まれると申してあろう。神民の食物は五穀野菜の類であるぞ。
食物は科学的栄養のみにとらわれてはならん。霊の栄養大切。

「四つ足を食ってはならん」と、肉食を厳しく戒めています。神民、すなわちこれから「光の子」として選ばれる人たちの食べ物は五穀野菜の類だと言っています。それも科学的な栄養の観点にとらわれるのでなく、霊の栄養、すなわち「食べ物の波動」が大切だということです。農薬などを使わず、人が愛情を持って育てた作物は、最高の波動をしているはずです。波動を汚さないためには、できるだけそういうものを手に入れて食べるように心がけたいものです。

牛や豚などの肉の場合は、育てられる環境の劣悪さと、殺されるときの残酷さが肉の波動にイライラや恐怖の念として蓄積されていますので、それを食べることによってイライラや恐怖の波動をとり入れることになり、波動を粗くしてしまう恐れがあります。最近では、肉体の健康にとってもよくないことがわかっていますが、何よりも霊的に見て問題が大きいということなのです。

神と人間が一体となって次元アップする

今度の御用に使う臣民、はげしき行さして神うつるのぞ。今では神の力は何も出ては居らぬのぞ。この世のことは神と臣民と一つになりてできると申してあろがな。早う身魂みがいて下されよ。神かかれる肉体沢山要るのぞ。今度の行は心を綺麗にする行ぞ。掃除できた臣民から、よき御用に使って、神から御礼申して、末代名の残る手柄立てさすぞ。神の臣民洗濯できたらこの戦は勝つのぞ。灰になる身魂は灰ぞ。どこにいても助かる臣民、行って助けるるぞ。神が助けるのでないぞ。神助かるのぞ。臣民も神も一緒に助かるのぞ。この道理よく腹に入れてくれよ。この道理わかりたら、神の仕組みはだんだんわかりて来て、何という有り難い事かと心がいつも春になるぞ。

「この世のことは神と臣民と一つになりてできる」ということです。これからの次元アップは人間だけではできないし、人間界のことなので神さまだけでもやれないということです。そこで、「神うつる」という手段に出るわけです。

「神懸かり」という言葉があります。現に霊媒やチャネラーには高位次元の存在が懸かってきて、人間の肉体を借りて霊界通信を書かせたりしています。いわゆる自動書記現象です。昭和一九年六月一〇日、岡本天明という人物に神が懸かって、漢数字を中心とした文字を強制的に書かせるようになりました。その現象が一六年間も続いて生まれたのが日月神示なのです。当初は、岡本天明本人が読んでも、何が書かれているか全くわからなかったそうです。それを、後になって橋爪一衛という人を中心とした関係者が解読に成功し、日の目を見ることになったのです。

終末には、魂の磨けた人に様々な神さまが懸かってきて、人間の肉体を使って次元アップのための働きをされるようです。ですから、「掃除をして（波動を高めて）、神かかれる肉体にしておけ」といわれているのです。波動の粗い肉体には神さまは懸かることができないからです。人間が心の調律をして魂を磨き、波動を高めておれば、終末の大患難のときには神さまがそれぞれの肉体に懸かり、一緒になって助かるということが述べられています。この道理、ご理解いただけますか？

一日に一〇万人が死ぬようになる

一日十万、人死にだしたら、いよいよ神の世が近づいたのざから、よく世界のことを見て皆に知らしてくれよ。

一日に一〇万人の人が死ぬという事態は、大天変地異としか考えられません。神の世すなわち新しい地球が誕生するまでには、人が一日に一〇万人も死ぬ事態が訪れるということです。

今に大きい息も出来んことになると知らせてあろうが。その時来たぞ。岩戸がひらけると言うことは半分のところは天界となることぢゃ。天界の半分は地となることぢゃ。今の肉、今の想念、今の宗教、今の科学のままでは岩戸はひらけんぞ。今の肉体のままでは人間は生きては行けんぞ。一度は仮死の状態にして、魂も肉体も半分のところは入れ換えて、ミロクの世の人民としてよみがえらす仕組み心得なされよ。（中略）

マコトでもって洗濯すれば霊化される。半霊半物質の世界に移行するのであるから、半霊半物質の肉体とならねばならん。今のやり方ではどうにもならなくなるぞ。今の世は灰にするより他に方法のない所が沢山あるぞ。灰になる肉体であってはならん。原爆も水爆もビクともしない肉体となれるのであるぞ。今の物質でつくった何物にも影響されない新しき生命が生まれつつあるぞ。岩戸ひらきとはこのことであるぞ。少しくらいは人民つらいであろうなれど、勇んでやりてくだされよ。大弥栄の仕組み。

仏教で「即身成仏」という言葉があります。本来の意味は「肉体を持ったまま仏になる」つまり肉体のまま霊界に行ったり来たりできる状態になることです。ヒマラヤの奥地には、修行によってそのような能力を備えた人がいるといわれています。（『ヒマラヤ聖者の生活研究』ベアード・T・スポールディング著／霞ヶ関書房）

理論的には、肉体の波動を精妙にしていけば可能になることです。そのためには、断食などで食べるものを減らし、呼吸をコントロールし、マントラ（お経、呪文）を唱えたり、瞑想したりして、心の調律をしなくてはいけません。常人にはできないことです。

しかし、これから終末にかけては、それが普通の人にでもできるようになるということでしょう。もちろん、波動の粗い人は、サタンが喜ぶ粗い波動の世界に引き寄せられ、「灰になる人」となってしまいます。私たちの心の調律がどこまでできているかが分かれ目になるということです。

この世と次元の異なる世界が存在することを全く理解できない人は、心の調律の必要性を感じることがありませんので、半霊半物質の世界に行くことは難しいと思われます。そういう人をなくすためにも、この気づきを広げていくことがとても大切になっています。

寒いところ温かく、暑いところ涼しくなるぞ。
心せよ。雨、風、岩、いよいよ荒れの時節ぢゃ。世界に何ともいわれんことが、病も判らん病がはげしくなるぞ。

いま世界中が異常気象に悩まされています。一般に報告されているようにフロンガスや二酸化炭素の排出による温暖化現象なのでしょうか。それともフォトン・ベルトの影響？　ＳＡＲＳなどのおかしな病気も現れるようになりました。まさに予言された通りのことが起こり始めているような気がします。

東京はどうしても火の海になる？

エドはどうしても火の海ぞ。それより外やり方ないと神々様申して居られるぞ。神は気もない時から知らしておくから、この神示よく読んで居れよ。一握りの米に泣くことあると知らしてあろうがな。米ばかりでないぞ。何もかも、人間もなくなるところまで行かねばならんのぞ。人間ばかりでないぞ、神々様さえ今度は無くなる方あるぞ。人間というものは目の先ばかりより見えんから、呑気なものであるが、いざとなりての改心は間に合わんから、くどう気つけてあるのぞ。

日本ばかりでないぞ、世界中はおろか三千世界の大洗濯と申してあろうがな。（中略）

世界中一度に唸る時が近づいて来たぞよ。

「エド」は「江戸（東京）」のことでしょうか。あるいは「穢土《えど》」ということで、人工的な建造物に囲まれて波動が粗くなっている都会全般を指しているのかもしれません。「火の海」というと関東大震災が頭に浮かびます。最近、首都圏での地震の発生が噂に上るようになっていますので、なおさら不気味です。

イギリスで一〇年ほど前に『巨大地震がもたらす世界経済破綻の衝撃』という本が出されています（邦訳は『東京は60秒で崩壊する！』P・ハッドフィールド著／竹内均・監訳／赤井照久・訳／ダイヤモンド社）。東京は日本の政治・経済の中枢ですから、ここが地震に直撃されると世界経済にも大きな影響が及びます。そのため、世界の証券や金融の関係者の関心が集まっているのです。一説では、世界一の債権国家・日本の国債がアフリカの小国・ボツワナ共和国よりも低い格付けになっているのは、日本が間もなく首都圏を中心とした地震によって壊滅的な被害を受けることが予測されているためであるともいわれています。

首都圏の崩壊は、日本の経済のみならず国家機能の崩壊にもつながりかねず、治安の乱れ、テロによる混乱などが連鎖的に起こる可能性を秘めています。

「一握りの米に泣くことある」という言葉が妙にひっかかるのですが……。


空に変わりたこと現れたなれば、地に変わりたことあると心得よ。いよいよとなりて来ているのざぞ。天の異変気つけてくれよ。神くどう気つけておくぞ。神世近づいたぞ。

空に変わったことが現れると言っています。それは太陽系十番目の星のことかもしれません。ノストラダムスの予言と合わせると、終末には空に光の尾を引く彗星が現れるということでしょう。

それが「天の異変」なのです。

そして、天に異変が現れると、「神世」すなわちミロクの世が近づいたということなのです。いよいよ「暗黒の三日間」のスタートです。

人は四つん這いになって這い回る

四つん這いになりて這い回らなならんことになるのざぞ。のたうち回らなならんのざぞ。土にもぐらなならんのざぞ。水くぐらなならんのざぞ。人間可哀想なれど、こうせねば鍛えられんのざぞ。この世始まってから二度とない苦労ざが、我慢してやり通してくれよ。おそし早しはあるなれど、一度申したこと必ず出て来るのざぞ。人間は近欲で疑い深いから、何も分からんから疑う者もあるなれど、この神示一分一厘違わんのざぞ。世界均《なら》すのざぞ。神の世にするのざぞ。善一筋にするのざぞ。誰彼の分け隔てないのざぞ。海のつなみ気をつけてくれ。前に知らしてやるぞ。

月は赤くなるぞ、日は黒くなるぞ。空は血の色となるぞ。流れも血ぢゃ。人民四つん這いやら、逆立ちやら、ノタウチに、一時はなるのであるぞ。大地震、火の雨降らしての大洗濯であるから、一人逃れようとて、神でも逃れることは出来んぞ。天地まぜまぜとなるのぞ。ひっくり返るのぞ。

神世の秘密と知らしてあるが、いよいよとなりたら地震雷ばかりではないぞ。人間アフンとして、これは何としたことぞと、口あいたままどうすることも出来んことになるのぞ。四つん這いになりて着るものもなく、獣となりて這い回る人と、空飛ぶような人と、二つにハッキリ分かれて来るぞ。獣は獣の性来いよいよ出すのぞ。（中略）いざというときには神が知らして、一時は天界に釣り上げる人間もあるのぞ。人間の戦や獣の喧嘩くらいでは何も出来んぞ。くどう気つけておくぞ。何よりも改心が第一ぞ。

「暗黒の三日間」の様相が詳しく述べられています。「天地まぜまぜになる」というのは、この三次元世界（地）と四次元以上の世界（天）が合わさって一つになるということです。「半霊半物質」の世界ができることを言っています。

人類もハッキリ二種類に分けられるようです。獣はより獣らしく、ますます粗い波長になるのでしょう。獣の性来とは、獲物を襲うときの肉食獣を想像してください。牙をむき、よだれを流す姿です。人がそういう一面をむき出しにするということです。これこそ地獄でしょう。「何よりも改心が第一ぞ」とくどいほど述べられているのは神の優しさです。私たちも「自分には関係ないこと」と高をくくったりせずに、「改心」すなわち「心の調律」「波動の修正」にぜひとも真剣に取り組まなければいけないと思います。

終末における日本の国の役割

日本の国は一度つぶれたようになるのざぞ。一度は神も仏もないものと皆が思う世が来るのぞ。その時にお陰を落とさぬよう、シッカリと神の申すこと腹に入れておいてくれよ。日本の国は世界の雛型であるぞ。（中略）

日本は真ん中の国であるぞ。日本精神は真ん中精神、末代動かぬ精神であるぞ。三千世界の大掃除であるから、掃除するには掃除する道具もいるぞ。人間もいるぞ。今の有様では、いつまでたっても掃除は出来ん。ますます汚れるばかりぢゃ。一刻も早く日本を足場として最後の大掃除を始めてくだされよ。神が致すのでは人間が可哀想なから、くどう申しているのぞ。

日本は終末の時代に、世界のなかでも大変重要な意味と役割を持っているということです。それらしいことがインディアンのホピ族の予言にも述べられています。日本は世界の雛型なのです。地形もそうですし、そこで起こる出来事もそうなのです。いわば霊界地球と物質地球をつなぐパイプであると言えます。霊界で起こったことはまず日本に移写され、それが世界に起こっていくのです。逆に日本がしっかりすれば世界もしっかりしてくるということです。

そのことを知り尽くしているサタンが、日本という国を破壊することによってミロクの世の実現を阻止するために、今もあの手この手を使って攻撃を仕掛けているということです。その結果として「日本の国は一度つぶれたようになる」ということです。「神も仏もないと皆が思う世が来る」と予言されています。大変な事態が起こるようです。

もちろん、そのことに対してはどんでん返しとなる「神一厘のシナリオ」が準備されているということですが、大事なのは今の日本に生まれてきた私たち一人ひとりの心の持ち方なのです。日本人一人ひとりがまず自分自身の心の大掃除を始めることによって、地球の次元アップとミロクの世の出現がスムーズに行なわれるということです。もちろん、それが不十分であれば、神の力で強制的に大掃除がなされるわけですが、そうなると多くの魂が救われない側に行ってしまいますので、それでは「人間が可哀想」とおっしゃっているわけです。

二〇一二年からミロクの世がスタートする

新しき御代のはじめの　たつの年　あれ出でましぬ　かくれいし神

二〇一二年は日本の暦では辰年となっています。「新しき御代」すなわちミロクの世のスタートは辰年ということです。やはり二〇一二年という年が立て替え・立て直しの年ということになりそうです。

終末現象のなかで必ず起こる二つのシナリオ

終末には人類も二極分化をしていくことになっていますが、その人類を待ちかまえるシナリオも「神のシナリオ」と「サタンのシナリオ」の二つが準備されています。さて、私たちはそのどちらを経験することになるのでしょうか。まずは、神の視点から見た終末の姿について述べられている、次の新約聖書の一文にお目通しください。

するとに弟子たちは、みもとにきて言った。「畑の毒麦の譬えを説明してください」。イエスは答えて言われた。

「良い種をまく者は、人の子である。畑は世界である。良い種というのは御国の子たちで、毒麦は悪い者の子たちである。それをまいた敵は悪魔である。収穫とは世の終わりのことで、刈る者は御使いたちである。だから、毒麦が集められて火で焼かれるように、世の終わりにもそのとおりになるであろう。人の子はその使いたちつかわし、つまずきとなるものと不法を行なう者とを、ことごとく御国からとり集めて、炉の火に投げ入れさせるであろう。そこでは泣き叫んだり、歯がみをしたりするであろう」（マタイによる福音書）

救世主が雲の上に引き上げて助けてくれる？

聖書のなかには、「終末には人の子（救世主）が雲に乗ってやってきて、選ばれた人たちを救済する」というニュアンスのことが書かれています。この「救済」のことを英語では Rapture と書き、「空中携挙《けいきょ》」と訳されています。動詞の「rapt」には「運び去られる」「奪い去られる」という意味がありますから、「神によって運び去られる」という意味でしょう。ただし、「空中」という意味は含まれていません。

ヨハネの黙示録では、救世主が雲の上から「ここに上がってきなさい」と言っていますので、「空に引き上げてくれる」というふうに解釈されたのだと思います。しかしながら、これは霊能者であるヨハネが霊視した霊界次元での話であって、この物質世界で雲の上に引き上げることを意味しているのではないと思います。

ただ、宇宙人と名乗る存在からの通信を受けて、「終末には宇宙人がUFOでやってきて、人を空中に引き上げて助けてくれる」という解釈をしている人は結構多いようです。

私はこの説には少し疑問を持っています。もしそのような親切な宇宙人がいるのであれば、何も終末のどさくさまで待たずに、早めに来て救済してくれればすむ話だと思うのです。どうも現人類と同レベルの発想しかできない宇宙存在のような感じです。聖母預言同様、あまりにも人間くさいこのたぐいの話は信じないほうがいいと思っています。

私は、ラプチャーに関しては全く独自に別の見解を持っています。次の聖書の一文を読んでみてください。

その日、その時は、だれも知らない。天の御使いたちも、また子も知らない、ただ父だけが知っておられる。人の子の現れるのも、ちょうどノアの時のようであろう。すなわち、洪水の出る前、ノアが箱船に入る日まで、人々は食い、飲み、めとり、とつぎなどしていた。そして洪水が襲ってきて、いっさいのものをさらって行くまで、彼らは気がつかなかった。人の子の現れるのも、そのようであろう。

そのとき、ふたりの者が畑にいると、ひとりは取り去られ、ひとりは取り残されるであろう。ふたりの女がうすをひいていると、ひとりは取り去られ、ひとりは残されるであろう。だから眼をさましていなさい。いつの日にあなたがたの主がこられるのか、あなたがたには、わからないからである。

（マタイによる福音書）

どこにも雲に乗ったキリストやＵＦＯは出てきませんし、空に引き上げられるという表現はないのです。素直に読むと、突然消えてしまうという感じです。確かに、日月神示には「一時は天に引き上げる」という表現があります。しかし、「天」というのは「空の上」ということでなく、「霊界（神界）」のことを言うのです。つまり、これは神次元からの表現であって、人間側には「引き上げる手」は見えないのです。

私はこれは俗に言う「神隠し」現象だと考えています。つまり、波動を高めた人に神が懸かって、肉体のまま天すなわち神次元の世界へ連れていかれるということです。ヒマラヤの聖者が、修行によって自由に霊界とこの物質世界を行き来できるようになる話をいたしましたが、それが普通の人にもなされるということです。

最近ではニューエイジ運動をしている人たちの間では、イエスが死後復活したことを意味する「アセンション（昇天）」という言葉が使われていますが、それも同じことを言っています。

肉体のまま霊界に行くことができる

仏教にも「即身成仏」という言葉があります。我が国の仏教に関係する人たちは「生きたまま悟りを開いて仏になる」という訳のわからない解釈をしていますが、本来の意味は「波動を高めて、肉体を持ったまま霊界に行き来するようになる」ことを言っていると思います。悟りを開くという、心に関係するテーマなのに、なぜ食べる物までコントロールする必要があるのでしょうか。波動の粗い肉や魚を避けた精進料理をとり、場合によっては断食までして、マントラ（お経）を唱え、瞑想などを行なうのは、肉体の波動を精妙にして、肉体のまま（即身）神霊界に行く（成仏する）ための修行としか考えられません。我が国でも、役行者《えんのぎょうじゃ》が厳しい修行の末にそれを成し遂げたといわれています。

本来ならそのような厳しい修行が必要なのですが、終末には神の特別措置によって、普通の人でも神の手助けを受けて神霊界に引き上げてもらえるということです。もちろん、その時点で神が懸かれるほどに、一定のレベルまで波動を高めておくことが条件になります。つまり、「光の子」になっておくことが必要なのです。

イエスが「眼をさましていなさい」というのはそのことを言っています。警告とでもいうべきこの言葉は、聖書のなかにたびたび出てきます。波動を高めておくことが、それだけ重要なことなのです。

また、日月神示に、「どこにいても助ける臣民は助ける」「原爆でもびくともしない体になっておけ」といった表現があるのは、光の子は終末の大天変地異や核戦争のなかでも、波動の高い別次元に移動させてもらえるからなのです。

いずれにしても、聖書と日月神示に全く同じ内容が述べられていることに注目しておきたいと思います。地球が「暗黒の三日間」を迎える前に、波動を高めた人はすでに別次元に移されていますので、カタストロフィーを経験することはないということでしょう。日月神示の神様が「身魂を磨け」としつこく言われるのは、そのためなのです。

人によっては、大天変地異を経験することによってカルマの清算を終了する人もいるでしょう。そういう人は、一度死んだ後で、神様がつまみ上げてくださるというわけです。このように、残っているカルマの程度によって、「携挙」の方法も時期も異なってくるのだと思います。

そういう意味でも、今のうちに本当に真剣になって「身魂磨き（カルマの清算＝波動の修正）」をしないと、土壇場になって後悔しても遅いということになりそうです。

国民が背番号で管理されるようになる？

もう一つは、背筋も凍る恐怖のシナリオです。

今後、地球の異常気象は年々深刻化する一方だと思われますので、早ばつなどによってアメリカやヨーロッパの穀倉地帯が大きな被害を受ける事態も十分予想されます。その結果、世界的に深刻な食糧危機が発生し、食糧をめぐっての国と国との争いも起こることでしょう。

また国の内部においては、国民の間で食料を奪い合う事態が発生することも予測されます。そういう事態を迎えたとき、各国の政府はどのような手段をとるでしょうか。間違いなく実施されるのは配給制度の導入ということです。全ての国民に食料を行き渡らせるためには、特定の人や企業が権力や財力によって食料を買い占めたり、売り惜しみをしたりすることを避けるために、必ず配給制が実施されるはずです。

そのときに必要となるのは国民一人ひとりをコンピューターでしっかり把握し、管理することです。どの人、どの家庭にどれだけの食料が配給されたかがつかめないと、ある人には重複して支給され、ある人には全く支給されないという事態が起こるからです。

この間、導入された住民基本台帳ネットワークが、そのとき大きな効果を発揮することでしょう。ひょっとしたら、将来起こる事態を想定して、この制度の導入が急がれたのかもしれません。こうなるとジョージ・オーウェルの小説『一九八四年』の内容が現実化することになります。恐ろしい管理社会が実現することでしょう。

実は新約聖書のヨハネの黙示録には、そのことを予言するような内容がきっちり書かれているのです。しかも、世界中の全ての商品につけられているバーコードに隠された「六六六」という数字までも登場して、なんとなく不気味さを漂わせています。

また、小さき者にも、大いなる者にも、富める者にも、貧しき者にも、自由人にも、奴隷にも、すべての人々に、その右の手あるいは額に刻印を押させ、この刻印のない者はみな、物を買うことも売ることもできないようにした。

この刻印は、その獣の名、または、その名の数字のことである。

ここに、知恵が必要である。思慮ある者は、獣の数字を解くがよい。その数字とは、人間をさすものである。そして、その数字は六六六である。

(ヨハネの黙示録・第一三章)

この預言の意味するところは未だにわかりません。いろいろな解釈がありますが、鍵を握っているのは「六六六」という数字の解釈です。これをある危険人物の誕生日に関係する数字だと見る人もいますが、その説明を読んでも「?」と思わざるを得ません。

それ以外でもっともらしいのが「バーコードに隠された数字だ」という説です。世界中の全ての商品にはバーコードがつけられています。そのなかに数字としては表記されていませんが、先頭と中央、末尾に少し長い二本線が引かれています。この二本線が「六」なのです。バーコードにはなぜか「六」の数字が三つ隠されているのです。その理由はわかっていません。わかっていることは、世界を陰から支配している勢力が、この「六六六」という数字を好んでいるということです。陰の世界政府を構成していると思われるロスチャイルドやロックフェラーのビルの入口にも、この数字が掲げられているといわれています。ちょっと気味の悪い話ですね。

世界の警察アメリカが、まず管理国家となりつつある

二〇〇一年九月一一日のニューヨークのテロ事件以降、アメリカ社会では個人を監視するシステムが一段と強化されたといわれています。

飛行機が高いビルの上層階に衝突したのに、下層部分までが熱によって溶けることはありませんので、あの事件は不思議なことばかりなのです。端的に言えば、アメリカを操る陰の組織が、ある目的のために仕組んだ事件だといわれているのです。ペンタゴンに突っ込んだといわれる飛行機の残骸は全く発見されておらず、また飛行機を目撃した人もいないといわれています。報道された写真にも、飛行機の残骸は全く写っていないのです。しかし、そのことをアメリカで指摘することはタブーなのです。（『9・11　陰謀は魔法のように世界を変えた』ジョン・コールマン博士・著／成甲書房）

アメリカの街角や主だった公共施設には、犯罪を予防するという理由で監視カメラが至るところに設置されています。最近はデジタル映像技術が進んだことによって、かなり精密な写真を大量に記憶することができるようになっていますので、カメラに写った人は顔がはっきりと確認できるそうです。

ところが最近では、我が国でも監視カメラの設置が急ピッチで進められているのです。長崎の幼児殺害事件の犯人が、その監視カメラによって割り出されたのは記憶に新しいところです。まさに、我が国でも国民を監視するシステムが着々と整備されているということです。ここまできてしまっては、私たちはこのシステムが悪用されないことを祈るしかありません。

インディアンに伝わる「ホピの予言」に、次のような予言が述べられています。

白人は、世界中の先住民や、先住民にかぎらず、すべての人々の生活や精神を破壊しようという悪しき企みのもとに、この文明を創りました。そして、その文明が崩壊していくのは直前に迫りました。私たちのいのち、未来が危険にさらされています。

ですから、今、ひとりひとりが何ができるのか、何をしたらよいのかを考え、行動していくことを迫られています。こんにちは、まだ大丈夫といえるかもしれません。しかし、近い将来にやってくる変化は、想像を越えるほど困難なものとなるでしょう。

例えば、戒厳令のようなものが世界中のいたるところで敷かれ、外から押しつけられる法律などに従わなければ殺されたり、追放される時代がやってくると、預言には伝えられています。カリフォルニア地震のような多くの天変地異が起こり、世界の仕組みが急速に変わり、多くの人命が失われていくでしょう。

（『ホピ的感覚』小原田泰久・著／ＫＫベストセラーズ）

「戒厳令のようなものが、世界中で敷かれる」と予言されています。そして、「法律に従わなければ殺されたり、追放される時代がやってくる」というのです。大終末までに多くの人が体験する恐ろしい近未来の姿だということができます。平和ボケしたと揶揄《やゆ》される多くの日本人には、よその国の話としか思えないでしょうが、これは予言というより、確実性の高い予測と言ってもいいでしょう。今日の地球環境の状態や、各国の政治体制の混迷ぶり、人口爆発などを冷静に眺めれば、すでにカウントダウンが始まっていると言っても過言ではありません。

いま、世界最強の国家といわれるアメリカでは、大統領の非常事態宣言によって、全ての法律を度外視して国民を統制下におく法律が施行されています。また、アメリカの各州では、なぜか急ピッチで刑務所の建設がなされているようです。犯罪が多発しているから、というのがその理由でしょうが、それにしても異常な数だといわれています。

アメリカのアシュクロフト司法長官は、今年（二〇〇三年）の六月五日、米下院司法委員会において、「もし議会が第二愛国者法を通過させるならば、二〇〇〇万人以上の非愛国的アメリカ人が投獄されることになるだろう」と語ったそうです。この第二愛国者法がどういうものかについても、出版物から情報を得てはいますが、紹介するのは控えておきます。

要するに、アメリカを支配する勢力は、迫り来る「何か」に備えての準備を整えつつあるということです。

それと同じようなことが、我が国でも「国民を守るため」という名目で準備されることのないことを願いたいものですが……。日月神示に、これに関係ありそうな予言がありますのでご紹介しておきます。


人の上の人、みな臭い飯食うこと出来るから、今から知らして置くから気をつけてくれよ。

（日月神示）

「神の国」とはどういう世界なのか

ちょっと薄気味悪い話題になりましたので、ここで夢のある話に切り替えたいと思います。終末の後に現れる新しい地球はどういう姿になるのかということについて――。

新しき人民の住むところ、霊界と現界の両面をもつ所。（日月神示）

地上界に山や川があるから霊界に山や川があるのでない。霊界の山川がマコトぞ。地上は

そのマコトの写しであり、コトであるぞ。マが霊界じゃ。地上人は、半分は霊界で思想し、霊人は地上界を足場としている。互いに入りかわって交わっているのぞ。このこと判れば、来るべき世界が、半霊半物質、四次元の高度の、影ないうれしうれしの世であるから、人民も浄化行せねばならん。大元の道にかえり、歩まねばならん。今迄のような物質でない物質の世となるのであるぞ。（日月神示）

三次元の物質波動の世界から、四次元以上の霊的波動の世界になるということです。そこには物質界の元となっている本当の山や川もあるのです。私たちの魂はもともとその世界にも行き来している（眠ったとき）のですが、新しい時代になると、そちらの世界に移っていくということです。ただ、この半霊半物質の世界にいるのは千年の間だけということで、その後はいよいよ本格的な神の国に移るようです。

聖書にも日月神示にもそのことが述べられていますが、千年後のことですし、私たちが半霊半物質のミロクの世にいけるという保証もまだありませんので、これ以上のことは触れずにおきます。

新しき世は神なき世なりけり。人神となる世にてありけり。（日月神示）

今度世変わりたら、臣民この世の神となるのざぞ。（日月神示）

私もまだ神になった経験がありませんので、この神示の解説はできません。なんとなく雰囲気でご理解ください。

神の国と申すものは光の国、喜びの世であるぞ。（日月神示）

そのとき、義人たちは彼らの父の御国で、太陽のように輝きわたるであろう。

（マタイによる福音書）

ミロクの世は、何もかもが透き通って、ピカピカ光って見えると言います。影のない国、喜びあふれる国になるようです。そういう国で、私たちは与え合い、学び合い、楽しみながら、新しい進化のスタイルを身につけていくのだと思います。

文明なくせんと申してあろうが、文明残してカスだけ無《のう》にいたすのぢゃ。（日月神示）

金のいらぬ楽の世になるぞ。（日月神示）

現代文明はなくなってしまうのではないということです。「カス」がどの部分なのかはわかりませんが、お金が要らないということですから、銀行や証券会社、消費者金融などはなくなってしまうのかもしれませんね。

最後に、これから二〇一二年までの患難の時代を意味する神示をご紹介して、「預言編」を閉じたいと思います。

二〇〇三年から正念場を迎えている

子（ね）の歳真ん中にして前後十年が正念場。世の立替は水と火とざぞ。（日月神示）

これからやってくる最初の子の歳は二〇〇八年です。その年を真ん中にして前後一〇年。つまり、前に五年、後に五年ということです。二〇〇三年から二〇一二年ということになります。

「世の立て替えは水と火」となっています。台風や大洪水、そして地震や自然発火などによる火災、あるいは人工的な施設の爆発による火災など、水と火による洗礼を受けるということです。すでにその通りのことが世界各地で起こりつつあります。地球の次元アップに向けて、いよいよ正念場です。

《奥義編》人類のカルマはどうすれば清算できるのか

プロローグ

この世の終末を迎えつつある私たちにとって大切なことは、「どのような生き方をすればよいのか（幸せになれるのか）」と考える前に、「いま何のために生きているのか（この人生の目的は何なのか）」と自分に問いかけてみることです。

例えば、私たちの生命の足場となってきたこの地球が間もなく崩壊し、人間が住むことのできない星になるかもしれないとしたら、私たちはそのことをどのように受けとめたらよいのでしょうか。「偶然生を受けた地球という星の上で、結構楽しい思いもしてきたから、死んでも悔いはないよ」ということでよいでしょうか。はたして、人をそのような考え方に導くことがこの宇宙の意志だったのでしょうか。

実はこのような考え方を卒業することが、これからの終末現象のなかで求められているのです。この宇宙を創造したスーパーパワー（＝創造主、絶対神）は、そんなあなたに次のような質問を投げかけるでしょう。たぶんあなたの心の奥底から、静かに浮かんでくる問いかけという形をとります。

「私の人生の目的は、ただ自分がこの生をエンジョイすることだったのだろうか」

ここまで読み進んでいただいたあなたの心の奥底には、「人間は死んだら終わり」「一緒に死ねば怖くない」といった強がりを言えない「気づき」が芽生えているはずです。

これから終末現象として展開されるさまざまな出来事は、私たち一人ひとりの心の岩戸《いわと》開き現象ですから、あなたが強がりを言うことなく、素直に自分の心のなかを見つめ直すように、見えない世界からのさまざまな働きかけが続くことでしょう。あなたが、その心の扉を開くそのときまで……。

人は神になるための道程《みちのり》である

いま人類は、哲学と科学の両分野からのアプローチによって、人類が目指していくべき本来の方向を理解し始めています。それはある意味では「神の意図」といえるものかもしれません。一口に表現すると「人は神になるための道程である」ということです。

私たちがこの地球で輪廻転生を繰り返し、いくつかの肉体を乗り換えながら学んできたのは、なんと神に近づくための心の持ち方だったのです。そして、私たちに気づきを与えるメカニズム（法則）が、まさにその神の意志によって完璧に準備されていることがわかってきました。

私たちは宇宙のスーパーパワー（＝創造主・絶対神）と同じ次元に近づくために、いま人間という形をとって魂を磨いているのです。そのことを哲学も科学も同時に気づき始めています。

宇宙の絶対神としてのスーパーパワーが準備したメカニズムは、最先端にある人類の英知では「波動の法則」として理解されています。私たちが認識できる物質や現象の究極の姿は「波動」だったのです。

そのことを仏教の創始者は二五〇〇年前に理解していたらしく、般若心経という短い経文のなかに見事に表現していることがわかりました。私たちがこの宇宙を理解するためには、つまり神の意図を理解し、神に近づいていくためには、この「波動」の持つ性質を知ることから始めなくてはいけません。というより、「波動」の性質を知ることができれば、私たちは神の意図を、そして私たちの生の意味を、理解することができるということです。

では、ここで波動の法則についておさらいをしておきましょう。

（1）この宇宙に存在する物は、物質や現象だけでなく精神作用までも、全て波動である。
つまり、宇宙は波動そのものである。

般若心経がずばりそのことを表現しています。「五蘊皆空《ごうんかいくう》」という言葉で、「色（物質・現象）」も「受想行識《じゅそうぎょうしき》（精神作用）」もみんな「空（波動）」であることを看破しているのです。そして、その「空（波動）」が様々な物質や現象をつくり出すのだということを見抜いています。科学の世界では、量子力学という最先端の科学が、近年になってようやくこの二五〇〇年前の仏教の認識に到達したということです。

(2) 波動の周波数(振動数)の違いによって、この宇宙は何層もの世界が重なってできている。

私たちが認識できるこの世界は、時間と空間からなる三次元世界ということになります。波動の粗い物質次元の世界です。しかし、同じ空間には肉体を離れた霊の住む世界や、さらに精妙な波動で構成された高位次元の世界が何層にも重なっているといわれています。

(3) 波動にはいくつかの普遍的な性質がある。

よく似た波動が引き寄せ合う「類は友を呼ぶ」法則(広義には、これも共鳴の法則ですが)、強い波動が影響を与えて周りの波動を変えていく共鳴の法則、発信した波動と同じものが返ってくる作用・反作用の法則などがあるといわれています。

以上、波動の法則についておさらいをしたところで、これから本題に入っていきます。ここでは、「終末におけるカルマの清算」というテーマを考えることにします。

カルマはなぜ生まれるのか

まず「カルマ」とは何かということですが、これは日月神示では「メグリ」と呼んでいます。つまり、私たちの発信したものと同じものが、ブーメランのように戻ってくる（めぐってくる）ということです。このほうが波動の性質をよく表しています。

「カルマ」という言葉は「作用と反作用」を意味するサンスクリット語から来ているそうですが、ヒンズー教では「神との合一を遂げようとする魂の努力」という意味を含んでいるともいわれています。これは大変含蓄のある表現ですので、のちほど改めて触れたいと思います。

今日的な言い方をすれば、カルマは「原因と結果の法則」ということになるでしょう。ただし、その原因は今の人生で創られたものとは限りません。むしろ、多くは輪廻転生を重ねるなかでつくり上げられたもので、私たちがこの人生のなかで気づき、改めていかなければならないものだと理解すべきです。

私流の表現をさせていただくならば、カルマとは「過去生も含め、これまでの人生において魂がつくり上げてきた波動の傾向」と言えるでしょう。そして、その第一原因となっているのは私たちの「心の癖」であるということです。

私たちは、それぞれの心の癖によって、言葉や表情、しぐさなどにもある特定のパターンをつくり上げています。悩み事があるときに眉間にしわを寄せたり、不満に思うときに口をとがらせたり、失敗したときに赤い舌をぺろりと出したり、うまくいかないときに何回もため息をついたりと、無意識に特定の同じパターンを繰り返します。それは潜在意識の奥深くに記憶された波動の傾向、すなわち心の癖なのです。

このように、表面に形として現れたものを見ると、私たちの内面に何があるのかが理解できます。すなわち、結果を見ると原因がわかるということです。同じように、私たちの人生に起こるさまざまな出来事は、ある特定のパターンを持っています。そのパターンに気づくことによって、原因となっている心の癖と、その心の癖によってつくられた波動の傾向が理解できるというわけです。

過去の人生のなかで身につけた心の癖がカルマとなって、現在の私たちの人生に影響を与えているのです。しかも、私たちがその原因に気づき、心の癖を改めるまでは、そのような体験は似たようなパターンをとってたびたび繰り返されます。しかも、それは常に仕事の失敗や人間関係のトラブルなど、私たちにとって嬉しくない不運な出来事として形を現すのです。

いったい、このような有り難くない人生のパターンから逃れるにはどうすればよいのでしょうか。

カルマはどうすれば解消することができるのか

カルマは「過去生や現世において魂がつくり上げ、強化してきた波動の傾向」ということでした。カルマも波動ですから、波動の法則が当てはまります。

波動には「類は友を呼ぶ」という性質があります。発信された波動は同じ波動を引き寄せてくるということで、「笑う門には福来たる」「人を呪わば穴二つ」といった諺を使って説明してきた通りです。

私たちは日常的に言葉や心を使って波動を発信しています。そして、私たちが言葉にしたこと、頭で考えたことは全て、潜在意識のなかに記憶され、蓄積されていくのです。そのことを仏教では「因をつくる」と言います。この「因」がカルマのことなのです。

仏教では「善因善果《ぜんいんぜんか》、悪因悪果《あくいんあっか》」と言って、良い波動の傾向は良い現象を引き寄せ、悪い波動の傾向は悪い現象を引き寄せることになると教えています。

また、一度潜在意識のなかに植え付けられた「因」は、自然に消えていくことはありません。それは必ず形をとるのです。逆に、「形をとれば消えていく」ということもできます。「因」が潜在意識のなかで大きく育っていく前に、「果」となって発散されたほうが有り難いのです。前に、「すぐ風邪などの小さな病気にかかる人は大病を患うことがない」と言いましたが、それはカルマが大きく育つ前に小出しにしているからです。

人によっては、「いま私が病気になったら我が家は大変なことになる」ということで、病気などしてたまるかとばかりに、気力で病気を振り払う人もいます。確かに、病気を恐れるという心の癖を持つよりはすばらしいことかもしれませんが、病気という形で出ようとするカルマの出口をふさいでも、その代わりに経済的に困窮するという形でカルマを払わされることになるかもしれません。

そのようなカルマの原因となる心の癖を直して、潜在意識のなかの波動を強化しないようにすることが、カルマ解消の一番の近道です。しかしながら、これがなかなか難しいのです。

例えば、「私は病弱だ」という心の癖を持ちますと、「類は友を呼ぶ」という波動の法則によって、ますます病弱な自分をつくり出し、そのことによって「私はやっぱり病弱だ」という気持ちをさらに強めてしまうことになります。そして、「自分の健康に自信が持てない」というカルマをますます強力なものにしてしまうのです。このように、ひとたびできあがった悪循環から脱出することは大変難しくなります。

ほかに何か方法はないのでしょうか。……実は、あるのです。

私たちがつくり上げてきたカルマを消すためには、その反対の「因」を潜在意識のなかに送り込んでいけばよいのです。「人を憎む」波動を消すには、「人を徹底的に許す」あるいは「誰にでも感謝する」という強力な波動で中和していくということです。波動には共鳴の法則がありますので、「感謝」の波動が強ければ、その影響を受けて「憎む」波動は次第に力を失っていくのです。

最近では、スポーツや教育の場などで選手や生徒を教育する場合に、短所を指摘して矯正させるよりも、長所に気づかせ、ほめてやるほうが効果的であるといわれています。これも波動の共鳴の法則で説明できることです。選手や生徒は、「ほめる」というよい波動を繰り返し受け取ることで、ますますほめられるような現象をつくりだしていきます。「長所を伸ばせば短所は消えていく」といわれるのは、まさに波動の法則のことを言っているのです。スポーツに限らず、自分の欠点を直すことよりも長所を伸ばすことに力を注ぐほうが、波動を高めるうえで効果的なようです。

一方、許しや感謝の波動が潜在意識のなかに全く供給されない場合は、憎む波動はそのまますくすくと育っていきます。そして、やがて大木となって私たちの人生に大きな影をつくるようになり、病気や怪我、仕事の失敗、人間関係のもつれ、などなどの不幸な出来事として現れてくるのです。
最近の心霊学の研究では、私たちの心の癖（波動の傾向）が肉体のどの部分に影響を与えるかということまでわかるようになってきています。眠った状態で病気の治療法を語り、その方法で多くの人の病気を治したといわれるエドガー・ケイシーも、波動と肉体の病気の関係を詳しく述べています。

要するに、肉体も精神作用も同じ波動ですから、発信した波動が肉体の特定の部分に影響を与えるということなのです。「病は気から」というのは、まさに正しかったのです。ただ、この「気」のことを「気持ちの持ち方」というふうに解釈して、「病気を気にしなければ治るよ」と一面的に理解するのは正しくありません。

病気を恐れたり、気にしたりすることによって、病状がさらに悪化するのは確かですが、本来の病気の原因、すなわち「因」となっている心の傾向を理解することが大切なのです。

人類は清算できないほどのカルマを抱えてしまっている

まず、私たちの潜在意識のなかには、この終末までに清算しておかねばならないカルマが大なり小なり蓄積されています。それは私たちの運命や肉体に、不運な出来事や病気・怪我などの形で影響を与えることがわかっています。また、一回の人生で清算できないような大きなカルマは、生まれ変わった次の人生へと持ち越されることになります。

そして、先祖や国、民族、人類全体のカルマは、関係する魂が背負わされることになっているのです。カルマは必ず誰かが清算しないと消えないからです。個人のカルマは個人の病気や怪我、その他の不運な出来事として形を現します。同じように、先祖代々のカルマや国のカルマは、それぞれその子孫や国民の不幸な出来事として形を現すのです。

私たちに気づきがない場合は、形を現したカルマを見て恐れたり、憎んだり、呪ったりします。そのことによって、また新しいカルマの原因をつくってしまいます。このようにカルマがますますふくらんできて、もはや人類全体のカルマを人類自身の手で清算することができない状態になっているのです。人類の集合的無意識からあふれ出したカルマが地球意識を汚染し、物質地球そのものの破壊という形でカルマの清算が始まっています。これが終末現象ということです。

人が病気や怪我、他人との争いなどの形でカルマを発散させるように、地球は環境汚染や異常気象、自然発火による森林火災、洪水や地震、戦争やテロ、内乱などによってそのカルマの発散を続けています。そのような現象を体験することによって、人類は恐怖心に駆られ、自らの不幸な運命を呪うという形で新しいカルマの原因をつくり続けていますので、このまま行けば、やはり地球は一大天変地異を迎える以外にカルマの清算ができないのかもしれません。どこかでこの悪循環を断ち切らなければいけないのですが……。

過去のカルマをなくすにはどうすればいいのか

カルマは形（現象）をとることによって発散されていきます。再び同種の波動を潜在意識のなかに送らなければ、つまり新しい「因」を追加しなければ、古い「因」は「縁（きっかけ）」を得て、「果」として形をとり、消えていくのです。もちろん、蓄積されたカルマの量が大きければ、1回では発散しきれないため、小分けして発散されることになります。その場合はいくつかの「果」が続けて起こることになるのです。それが俗に「不幸が重なる」といわれる現象です。

いずれにせよ、過去につくったカルマをなくしていくには、発散させるしか方法はありません。カルマも一種のエネルギーですから、エネルギー不滅の法則どおり、別の形に変えるしかないのです。つまり、病気や怪我、人間関係のもつれなどの現象に形を変えるしかないということです。

しかしながら、私たちは常にマイナスとなるような悪い波動だけを発信しているわけではありません。誰でも、自然界の植物や小さな生き物に対して愛情を注いだり、地球環境を大切に考えたりと、けっこうプラスとなる波動を発信しているはずです。実は、そのようなプラスの想念は、潜在意識のなかではマイナスの想念を中和する働きをしてくれるのです。蓄積された悪想念が中和されることによって、カルマが形をとる場合にマイナス部分が減っていますので、大難も小難に変わるのです。

このように、過去生でつくってしまったカルマを解消するためには、カルマの原因となるマイナスの波動を発信しないことと合わせて、プラスの波動を積極的に発信していくことが大切です。

懸念、残念、執念、怨念はマイナスの波動

カルマの原因となるマイナスの波動をつくるのは「心の癖」であると言いました。心の癖は私たちの口をついて出てくる言葉までも左右します。「困った」「疲れた」「いやだ」「だめだ」「死にそう」「腹が立つ」「許さない」などといったマイナスの言葉が出てくるのも、私たちの心の癖からくるものです。

そういう意味では、私たちがどのような心の癖を持っているかを知っておくことが大切です。それは、逆にいつも口をついて出てくる言葉から類推することができます。一度あなたの口癖がどんなものか、周りの人に聞いて点検してみてください。

私が特に注意すべきだと思う心の癖、つまり「念」は以下の4つです。

(1)「懸念」

ずばり「心配癖」です。まだ起こっていない未来の出来事を心配する「取り越し苦労」は、マイナスの波動となって潜在意識のなかのカルマを育てます。

私たちは、将来のことについて不安な気持ちを持つことがあります。ある意味では恐怖心と言っ

てもよいでしょう。それを仏教では「四苦八苦」という言葉で説明しています。「苦」とは「苦しみ」という意味ですが、「苦にする」という意味にも使われます。つまり、「不安になる」ということです。

四苦とは「生・老・病・死」の四つです。「この世に生まれてくる不安」「年老いていく不安」「病気になる不安」「死ぬ不安」の四つを意味しています。

「生」すなわちこの世に生まれてくる不安とはどういうものでしょうか。これは胎児の魂が母親の胎内にいるときに感じる不安のことでしょう。

最近の研究で、胎児は母胎のなかにいるときにも、母親の会話やその他の経験の内容を全て理解していることがわかっています。母親が話しかける言葉にもちゃんと反応するそうです。ですから、その胎児が、自分がこれからこの世に生まれ出ることにある種の不安を感じていることは十分あり得る話なのです。

続く三つの「苦」すなわち「老・病・死」は、理解しやすいと思います。そのなかで、「老」と「死」は避けることのできないものですが、それでも多くの人がそのことを苦にします。その「苦にする」波動は「類は友を呼ぶ」という法則によって、不安に思う状態を周りに引き寄せることになるのです。

死後の世界の存在について理解できた人は、死ぬことの恐怖はなくなります。むしろ肉体があるお陰で波動の修正がしやすいこの人生を、生き生きと楽しむことができるはずです。四苦八苦という場合、四苦は八苦に含まれていますが、それ以外は、愛する人や大切なものを失う「愛別離苦《あいべつりく》」、求めるものが得られない「求不得苦《ぐふとっく》」などとなっています。

いずれも、そのような不安な気持ちは私たちの潜在意識にマイナスの波動として刻印されていきます。不安に思わないほうがいいというより、不安に思う必要がないのです。スーパーパワーとしての神が設計した私たちの人生の意味を理解するならば、「四苦八苦」はどれも恐れる必要はありません。文字通り、「四苦八苦しなくていい」ということです。

(2)「残念」

終わってしまったことをいつまでも悔やむ心はマイナスの波動となります。いわゆる「過ぎ越し苦労」癖は一刻も早く直す必要があります。

このことに関して、仏教書におもしろい話が載っていました。

ある修行僧とその弟子が旅をしているときに、川岸にたどりついたのです。その川は歩いて渡れるほどの浅い川なのですが、着物姿の一人の女性が渡りかねて困っていたのです。そこでそのお坊さんは親切心から、その女性を背中に背負って向こう岸に渡してあげたのでした。

その女性と別れて旅を続けていると、どうも弟子の表情が暗いのです。そこでその理由を聞きますと、「和尚様は日頃から、修行中は女性に心を動かしてはいけないといわれるのに、さきほどは若い女性を背中に背負ったではありませんか。これはいけないことではないのですか」と言うのです。

そこでこのお坊さんが言った言葉が愉快なのです。

「なんだ、おまえはまだあのお女中を背中に背負っているのか。私はとっくの昔に降ろして、もうそのことなど記憶にも残っていなかったのに」と笑われたという話です。このお弟子さんは、和尚が背負った女性を自分も心のなかで背負っていたのです。そして、それをいつまでも降ろすことができずに、心に残していたというわけです。過去の事象に念を残すことの愚かさを教える楽しいお話ですね。

私たちも、済んだことをいつまでも思い煩《わずら》うことがないようにしたいものです。

(3)「執念」

物事にこだわることを意味しています。これまでは、勝負や競争において、勝利にこだわることはよいことと思われてきましたが、これは仏教でいうところの煩悩を生み出す原因となります。「負けた悔しさをバネにする」という生き方は新しい時代にはなくなると思われます。いずれにしても、ある特定の考え方にこだわりすぎて柔軟性を失うことは、波動を高めるうえではマイナスになってしまいます。そういう意味では、これを「固定観念」と置き換えてもいいでしょう。

この後にも出てきます「一〇〇匹目のサル」の話では、全てのサルたちが芋を洗うようになった後も、ボスザルとその取り巻きの一部のサルだけは、いつまでたっても芋を洗うことはせず、土が付いたまま口に運んでいたということです。

（4）「怨念」

これはマイナス波動の最大のものです。人を憎む、世の中を呪うといった波動は、ひとたび潜在意識のなかに蓄積されると、なかなか消えることはありません。そして、「類は友を呼ぶ」の法則どおり、私たちの回りに恨みに思うような出来事を次々と創り出していくのです。

私たちの意識は人類の集合意識とつながっている

私たちが自分で認識できる意識（感情、気持ち、想念など）のことを顕在意識と読んでいます。「顕」は顕れるという意味ですから、私たちがキャッチ（認識）できる心の状態を言います。物を食べて「おいしい」と感じたり、人からほめられて「嬉しい」と思ったり、海外旅行を計画するときにワクワクしたりする心の働きのことです。

このような認識できる意識以外に、私たちの心臓を規則正しく動かしたり、暑いときには汗をかいて体温を調整したり、体によくない食品を口に入れると下痢をするといった働きがあります。そ

れらは私たちが頭のなかで考えて行なっているわけではなく、体が自然に働いてくれているのです。肉体の脳を使ってこの働きを司っているのが潜在意識なのです。

この潜在意識のことを、ユングは「無意識」と命名し、「個人的無意識」と「集合的無意識」に分けて説明しています。個人的無意識は個人ごとに違いがあるということです。肉体の特徴や健康面の違いなどは、個人的無意識の違いを反映しているということでしょう。

その奥にある集合的無意識は人類全体が共有する意識のことで、これも個人はキャッチ（認識）することはできません。

ここで、顕在意識と潜在意識の関係を理解していただくために、水に浮いた氷山を思い浮かべてみてください。水面よりも上に出ている氷の部分が顕在意識です。これは私たちが認識する(見る)ことができます。そして、水面の下に隠れて見えない部分が潜在意識にあたります。

この潜在意識のなかでも、水面に近い部分が個人的無意識、それより深いところにあるのが集合的無意識というわけです。そして、この集合的無意識は深い深いところでは一つの塊となって、地球意識や宇宙意識へと繋がっていると想像してください。

逆に考えると、水中の深いところに一つの巨大な氷の塊があって、そこから氷が枝のように分かれて無数に突き出しており、それぞれの枝の先端部分が水面の上に現れているというイメージです。

その一つ一つの突き出した枝の部分が私たち人間ということです。

私たちは、普段は水面の上に出ている顕在意識しか認識することができませんから、人間は一人ひとり別々のものであると思っています。まさかその心の奥深いところで、氷山のような一つの大きな意識体に繋がっているとは思えないのです。そのため、私たちが考えたことが他の人たちに伝わることなど、考えてもみませんでした。ただ、「人の悪口を言うと必ずその人に伝わる」といった考え方があったのは確かです。そのメカニズムは、この氷山の例でご理解いただけたと思います。

私たちは毎日心を動かしていますが、その心の動きは波動として潜在意識に蓄積され、さらには人類の集合的無意識のなかにも蓄積されていくのです。逆に、集合的無意識のなかに蓄積されているさまざまな波動は、人の潜在意識に影響を与え、ときには顕在意識のなかにも「ひらめき」や「胸騒ぎ」「予感」といった形で伝わってくることがあります。潜在意識のなかは物質の束縛のない波動の世界ですから、全ての波動が瞬時に行き交っているということです。月に行ったアポロ飛行士が、「月面では疑問に思ったことに対する答えが瞬時に返ってきた」と語っていますが、これも肉体の束縛が軽くなった結果だと思われます。

新しい地球で、人がこの波動の粗い肉体の束縛から離れたときに、心がどのような働き方をするかを想像することができると思います。やはり、この終末において、人は芋虫から蝶に羽化するのです。

このように、私たちの意識は集合的無意識や神次元の意識ともつながっていて、相互に影響し合っているということです。そういう事実が、最近の科学の進歩によって理論的に裏付けられ、立証されつつあります。これも、よい意味での終末現象と言えるかもしれません。

人の意識がつながっていることが実験で証明された

人の意識が見えないところでつながっていることを証明したのは、英国で行なわれたシンクロニシティ（共時性）の実験です。

かつてイギリスの国営放送が、テレビの科学番組でおもしろい実験を行ないました。まず、司会者が一枚の隠し絵を出します。それは意味のないまだら模様のように見えますが、補助線をひとつ加えることによって人の顔など意味のある形になるのです。そのようにして何枚かの未完成の図形を見せ、今度はその答えを教え、完成した図形を見せます。

そして、その番組が放映される前と後に、テレビ番組を見ることのできない国の人を五〇〇〇人選んで、同じ隠し絵を見せ、隠された絵を当てさせたのです。その結果、放送前よりも放送後のほうが、明らかに全ての正解率が高かったということです。また、番組のなかで正解を教えなかった図形については、放送の前と後で正解率にほとんど差がなかったといいます。これは、まさに人間版の「一〇〇匹目のサル」現象といえるでしょう。

私たちは「人間」という同じ種類の波動を持つ生き物ですので、英国の人たちの意識の変化が、波動によって他の国の人たちにも伝わり、感度のいい人はその答えがひらめいたということでしょう。私たちの潜在意識は奥深いところで人類の集合的無意識とつながっていますので、その変化を嗅ぎ取って、人の顕在意識に伝えてきたに違いありません。

ここで「一〇〇匹目のサル」の話をもう一度思い出してください。宮崎県沖の幸島という小さな島に住む野生の猿たちのなかで、最初は小さなメス猿一匹から始まった芋洗いの習慣が、少しずつ他の猿に広がっていって、一〇〇匹目のサルが芋を洗って食べたとき、島全体の猿がいっせいに芋を洗って食べるようになった。……と言うのです。もちろん、この一〇〇匹という数字は象徴的に表現されただけのことで、ある一定数すなわち閾値《いきち》のことを意味しています。

さて、ここまでは、文字通り「猿真似をした」ということで説明できるかもしれませんが、全く離れた場所にある大分県の高崎山の猿までが、同じ時期に芋を洗って食べるようになったというのです。このことは、猿の意識が深いところでつながっていると考えるしかありません。他に説明のしようがないのです。

そして、その意識の深いところでの変化が表面に一斉に出てくるポイント（閾値）のことを「一〇〇匹目のサル」と呼んでいるのです。個々の猿の意識が一定数まとまると、それが全体の意識に影響を与えるということです。

この終末現象のなかで、人類のなかに新しい気づきを得た人が少しずつ増えていき、その数がある一定数に達したとき、その気づきが人類の共通認識として爆発的に広がるのではないか、と予感されます。気づきを広げることの大切さはそこにあるのです。

人間の個々人の意識は深いところで全てつながっていることを、ぜひとも心に留めておいてください。

人類の意識の乱れが地球の波動を乱している

人類の集合的無意識のさらなる奥には、ガイア（地球）意識というものがあるといわれています。つまり、地球の意識です。地球も私たちと同じように生きていて、意識つまり心を持っているということです。そして、そのガイア意識には、人間の意識はもちろん、動物、植物、鉱物に至るまで、地球上の全ての造形物の意識がつながっているのです。

「石にも意識がある」というとサブイしゃれになってしまいそうですが、実はあるのです。日本では昔から「全ての物に神宿る」という考え方がありましたが、全く反応がないように思われる石のような鉱物にも、意識はあるといわれています。それらの全ての意識を包含したものが地球意識として、私たち人類の集合意識のさらに奥にあるということです。それは切れ目なく繋がっていて、相互に影響し合っていることがわかっています。

地球意識を海に、そして私たち一人ひとりの意識をそこに流れ込む川に例えてみます。私たちが悪い想念を持ちますと、川は濁ります。その濁った水が海に流れこんでいきます。海はそれを黙って受け入れ、浄化してくれていましたが、いまや人間の流す悪想念という汚染物質の量が増える一方で、海も徐々に濁り始めたのです。現実世界でもそれと同じ状態が現れていますが、それは海だけに限らず、大気や、土壌にも汚染が広がり、地球の波動が乱れているのです。そして、地球の波動の乱れは地球のカルマとなって、環境破壊や天変地異現象として表面化しつつあります。

人類の意識とガイア意識の関係を考えると、地球上で見られる地震や洪水、山火事、竜巻、旱ばつといった異常気象の数々は、全て人類の意識すなわち波動の乱れから起こっているということが言えます。それは文字通りカルマが形をとって消えていく過程なのです。

潜在意識という魔法の国に住む波動大魔王

潜在意識の働きを理解しやすいように、ここで例え話で説明してみたいと思います。「潜在意識王国」という魔法の国に〝波動大魔王〟というあなたの召使いが住んでいると考えてみてください。波動大魔王はあなたの命令を魔法の国に伝達することを役目とする忠実な召使いということができます。

この潜在意識王国に通じる扉があなたのなかにあるのです。おそらく肉体としてみれば脳のなかにあるだろうと思われます。あるいは脳そのものが扉であるという考え方もできます。波動大魔王はこの扉から出入りして、ご主人様であるあなたの命令書を受け取り、それを潜在意識王国に届けるのが役目なのです。

潜在意識王国は、あなた個人を担当する係（個人的無意識）と、人類全体を担当するセクション（集合的無意識）とに分かれています。

あなたが特別意識もしないのに、心臓をはじめとする肉体の各器官が規則正しく働いて、あなたの命が保たれているのは潜在意識王国の働きによるものです。あなたがいちいち命令をしなくても、というより、あなたが不必要な命令さえしなければ、最高の働きをしてくれるようになっているのです。

波動大魔王は、あなたから命令書を受けとると、それを忠実に潜在意識王国に届けてくれます。しかしながら、あなたはたぶん、自分が波動大魔王に普段どのような命令書を渡しているかについて、ほとんど意識がないでしょう。それでも、あなたが、言葉や、感情、行動、イメージなどの波動によって、波動大魔王に命令しているのは確かなのです。

つまり、あなたが見たこと、言ったこと、聞いたこと、イメージしたこと、思ったこと、……が全て波動大魔王に対する命令となっているのです。それらの命令を、波動大魔王は〝波動〟に翻訳して理解します。ただ、その〝命令〟の内容は大変バラエティに富んでいて、なかには相矛盾する内容もありますので、波動大魔王も迷うことがあるのです。

ここからは一般論ですが、恋人に対して言葉では「あなたなんか嫌い！」と言っていても、心のなかで「大好きよ」とささやいていたり、親に反発する子供のことで「あんなやつはほっとけ！」と強がりを言いながら、心のなかでは「ちゃんとしてやらなくては」と考えるなど、表面と内面が違う場合も多いからです。

だから、波動大魔王はご主人様の本当の命令は何かを理解するために、いくつかのルールを持っているのです。そのルールさえ知れば、私たちは波動大魔王を正しく活用することができるはずです。この間の心理学の研究で解明されてきたそのルールを、次に明らかにしていきます。

波動大魔王を思い通りに働かせる方法

波動大魔王が、ご主人様の本当の命令を見分ける方法は次の通りです。

(1) 心で思うだけよりも、言葉として発信された波動が強い命令となる。

単に心のなかで思ったことよりも、言葉として発信されたことのほうが強い波動となります。言葉は発信した(口に出した)段階で、自分が耳で聞いていますから、二重の効果があるのです。

(2) 繰り返し発信される波動は強い命令となる。

同じもの(言葉、思い、イメージなど)が繰り返されると、その効果は倍増されていきます。例えば、病気の人が「病気はいやだ」「病気はしんどい」「早く病気が治ってほしい」といった言葉をいつも口にしていると、波動大魔王はそのなかの「病気」という言葉をご主人様の命令と受けとる癖があるのです。そして、それをそのまま潜在意識王国に伝えますので、ますます病気の状態を長引かせることになります。

また特定の人に対する嫌悪感や憎しみ、苦手意識などの念は、その人の顔や動作のイメージとして発信されますので、それをたびたび心に浮かべることによって波動大魔王への強い命令となっていきます。それは潜在意識王国のなかで、なかなか取り消すことのできない命令、つまり「岩に書いた文字」となっていくわけです。

あることを強く願い、その願いを持ち続けると、波動大魔王に対する強い命令として受け止められます。ただ、この場合でも、「すでにそれが実現した。嬉しい」と、喜びや感謝の気持ちが持てるまで願う必要があります。「～らしく振る舞う」ことも非常に効果があります。

(3) イメージとしてビジュアルに表現される波動は強い命令となる。

言葉よりもイメージのほうが、波動大魔王は理解しやすいのです。とくに動きのある鮮明なイメージの場合は、そのイメージ通りの状態を潜在意識王国に届けてくれます。例えば、大学の入学試験に合格したいと思ったら、自分がその大学の合格発表の場所で友達に胴上げされている姿をイメージするのです。自分の体が何回も宙に浮く感触まで得られるならば、その願いは必ず実現するでしょう。もちろん、2年後に実現ということもあり得ますが……。

ただし、これが大事なことですが、試験勉強を全くせずに、ただイメージすることだけをやっていても、おそらく試験に合格することはないでしょう。その理由は、すでに私たちの潜在意識王国のなかには、「勉強しないと試験には合格できない」という集合的無意識が潜んでいるからです。ですから、胴上げのイメージをつくろうと思っても、一方で「やはり勉強しないと無理だろう」という心のなかのささやきが波動大魔王を幻惑してしまうのです。このあたりの心の動きを理解するのは、なかなか難しいものがあります。

最近、スポーツ選手の間でもイメージトレーニングの手法がはやっているようですが、これはアメリカの研究所で科学的に実験され、実証されていることなのです。この場合も、イチロー選手のように、練習をしっかりとやることが必要条件となります。

そのうえで、イメージという形で波動を発信すると、波動大魔王が潜在意識王国に正確に伝えてくれますので、実現の可能性が高くなるということです。

（4）無心の状態で受発信される波動は強い命令となる。

お経を読みながら、あるいは特定のマントラ（呪文）を唱えながら、普段の心を無にした状態で受発信された言葉やイメージを、波動大魔王は強い命令として受けとり、潜在意識王国へと伝達してくれます。

催眠術にかかった状態や、眠りにつくまえの半睡眠状態、目が覚める寸前のまどろみの状態などでは、潜在意識王国への扉が半開きになっていますので、波動大魔王は私たちの心の中身をしっかり読みとって命令書として受け取り、直ちに潜在意識王国に伝えてくれます。私が「砂に書いた文字」を例に出して、眠りにつくまでに心のなかの良くない波動を清算しておくことが大切だと申しあげたのはそのためです。

(5) 大勢の人が同時に発信する波動は非常に強力な命令となる。

集団でお経を唱えたり、お祈りをしたりするときは、波動の共鳴現象が起こりますので、その波動はさらに強大なものになります。発信者への影響はもちろん、人類の集合的無意識や地球意識に与える影響も大変大きなものになるのです。それぞれの人の波動大魔王がいっせいに潜在意識王国に同じ命令を伝えますから、動きも早く大きいのです。

終末のカタストロフィーを前にして、私たち人類が恐怖の念に包まれるか、それとも迫り来る新しい地球を夢見て、希望に胸をふくらませることができるかによって、地球の次元アップがスムーズに行くかどうかが影響されるのです。

私が、本書を通じて、同じ考え、同じ気づきを持つ人を増やすことの大切さを力説しているのはそのためです。

潜在意識王国はどのような働きをしているのか

潜在意識王国に出入りする波動大魔王はいつでも真面目に働いてくれていますが、それでは、その潜在意識王国は私たちに見えないところでどのような働きをしているのでしょうか。

まず、私たちの「脳」という肉体器官を使って、肉体全般の機能がうまく働くようにコントロールしてくれています。しかしながら私たちの潜在意識王国には、私たちが前世でつくったカルマや、先祖や国などのカルマが貯め込まれていますので、白紙の状態でスタートできるわけではありません。

また、多くの信頼できる霊界通信によれば、これまでの生まれ変わりの過程では、人は霊界で、次にどのような肉体を持つことがカルマの修正に役立つかということを計算して生まれてくるといわれています。ですから、生まれながらに肉体にハンディキャップがあったり、経済的に恵まれない家に生まれたりする人もいれば、反対に肉体の能力に優れ、女性であれば美貌に恵まれたりする人など、個人ごとにさまざまな違い（個性）があるのです。それぞれの魂のレベルに応じて、いろいろな環境や肉体の条件を持つことが、カルマの修正に最も効果的であるからです。しかしながら、人は肉体を持ってしまうと霊界における決意を忘れて、逆に新しいカルマをつくってしまう場合もあるようです。ここが大変難しいところです。

カルマという言葉は、ヒンズー教では「神との合一を遂げようとする魂の努力」という意味があると述べましたが、これほどカルマの意味をすばらしく表現した言葉もないと思います。私たちの人生における経験は、全て魂を磨き、神次元の存在に近づくためのものです。与え合いながら、学びながら、楽しみながら、私たちは魂の向上に努めてきたのです。私たち人類が、手探りの状態ながら目指す方向を間違えずにここまで来られたのは、「カルマの法則」という素晴らしい羅針盤があったからなのです。

私たちは、私たちの人生や運命を左右する潜在意識王国のなかを直接のぞくことはできません。しかしながら、この三次元の世界に展開されるさまざまな出来事が、実は潜在意識王国の姿を映し出しているということがわかってきたのです。

人は自分の人生を自ら選びとっている

人は何回となく生まれ変わるなかで、心の状態と自分の周囲に起こることとの関係について学んできました。その過程を通じて、人の運命とは自分のなかにあるものが外に現れているだけだということに気づいたのです。

私たち自身に起こる現象を見ていますと、私たちの心のなかにあるもの、つまり潜在意識王国のなかに蓄積している波動の傾向がわかります。そういう意味では、人は皆、自分の人生を自ら選び取っているのです。魂が進化していくプロセスを、人生の体験として自分の意志で選択しているのです。

しかしながら、ひとたび肉体を持つと、私たちは自分の運命を不満に思ったり、嘆いたり、悲観したりします。それは、神次元の世界につながっている潜在意識王国のメカニズムを、何も理解できていないからです。

そういう私自身、では潜在意識王国のなかのことを十分に理解できているのかと問われれば、「いいえ」と答えるしかありません。ただ、私自身が操ることを許されている波動大魔王を通じて、潜在意識に正しく「命令書」を届ける手法は理解しているつもりです。

いや、それは「命令書」というよりも「神様への手紙」と呼ぶほうが正しいのかもしれません。なぜなら、私のこれまでの人生で、書物を通じて私に多くの気づきを与えてくださった先覚者の方々が口をそろえて、この宇宙を貫いている神の掟は「愛」である、とおっしゃっているからです。人によっては「宇宙は愛一元」と表現している方さえもあります。

カルマの法則は、私たちに苦痛を与えるのが目的ではなく、それによって私たちが気づき、進化の方向を見つけ出せるようにするための「愛の法則」だったのです。

そのことの真の意味が、私にも最近になってようやく理解できるようになりました。

人生に登場してくる悪役に感謝できるか

私たちの潜在意識王国に住んでいるものが外に現れるわけですから、私たちが悪と見ているものも、それは私たちの外にあるのでなく、内側にあるということです。内側にある波動の傾向が「類は友を呼ぶ」の法則によって同じ傾向の波動を引き寄せて、この三次元のスクリーンに映して見せてくれているのです。そのなかには大変な悪役を引き受けてくれる人もいるのです。

飲酒癖が悪く、いつも暴力を振るう夫であったり、金銭感覚がなく浪費癖のひどい妻であったり、自分を目の敵《かたき》にする上司であったり、……と、自分を人生の主人公としてみた場合に最も恨めしい存在――まさに悪役です。程度の違いはあっても、自分の人生にブレーキをかけていると思われる存在が、誰にでも一人か二人はいたはずです。

ところがそのような形で自分を苦しめる存在こそが、私たちのカルマを発散させ、潜在意識王国の浄化を手伝ってくれる大切な脇役だったのです。前世や前々世からの因縁の魂ということもあるでしょうが、いずれにせよ、この人生で私たちを苦しめる役、悩ませる役として登場した大切なキャストなのです。

そういう大切な役回りをしてくれている人に対して、私たちが憎しみや恨みの気持ちを持つと、せっかく発散してもらったカルマがまた新しい波動として潜在意識王国に蓄積されてしまいます。ここで、そういう悪役をしてくれる人に感謝することが、私たちの魂を磨くうえでとても大切なことなのです。

聖書のなかでイエスが「敵さえも愛しなさい」と教えているのは、決して人道的、倫理的な意味合いからではなく（そういう意味もあるとは思いますが）、そうしないと人のカルマが消えず、終末の大掃除のときに次元アップができないからなのです。

サタンにも破壊役としての大事な役割がある

いろいろと終末に関する研究を進めてきた結果、今回の終末の立て替え・立て直しは、私たちの外に見えている物質世界のことでなく、その世界をつくり出している意識の世界、つまり潜在意識王国の立て替え・立て直しであるということがわかりました。

まずは私たち一人ひとりの個人的無意識から始まって、人類の集合的無意識、さらにはガイア（地球）意識、そして宇宙へと広がる無限の意識の立て替え・立て直し、つまり次元アップが行なわれるのです。

そういう意味ではサタンに導かれている陰の世界政府の人たちも、この物質地球の破壊役としての大事な役割を担っているということになります。少なくとも、私たちが恐怖や憎悪の対象にする必要はないのです。私たちが恐怖や憎しみの気持ちを持つと、それは私たちのなかに新しいカルマをつくり、また人類の集合無意識や地球意識にもマイナスの影響を与えてしまいます。サタンは私たちに恐怖心を与えるという形で、人類のカルマの清算を手伝ってくれているのです。それを恐れて新しいカルマの原因をつくらないことが大切なのです。

以下は、すでに絶版になったと思われるある書物のあとがきから拾いました。サタンの役割がなんであるかが理解できる一文としてご紹介します。

「イルミナティの計画する反キリストが世界のどれぐらいの地域を支配するかは、判然としないが、私は多くて二分の一、場合によっては三分の一ぐらいではないかと思う。しかも、その本当の統治期間はわずかに三年半なのである。

神はサタンをいつまでも野放しにはしておかれない。時が来れば、彼らを地獄の火のなかに投げ込まれる。これは黙示録にも書かれているし、それを知っている悪霊たちは、イエスキリストが来られたとき、あわてふためいて命乞いをしているのである。

それにしてもいつも不思議に思うのは、なぜ神はサタンを放任されているのだろうかという素朴な疑問である。ただ善だけしかない人間はまた無知であるに過ぎない。人間は、神の愛を知るためには、苦悩、悲しみ、痛み、嘆き、行きづまり、恐怖、絶望、焦燥、憎悪、殺意、犯罪、裏切りなどの暗闇の部分を知らなければならなかったのである。そして、そのような性質は神にはなかった。サタンとなったルシファーは、神がその目的で造ったわけではないが、自ら進んで神に背き、神にはない暗闇の性質を持つに至った。

では、と人は問うであろう。神は人類をもてあそんでいるのか、サタンを使ってゲームをしているのかと。否である。神は人類を研鑽しておられるのである。

試みを受けて勝ち得た善こそ、本当の善である。闇から見いだした光こそ光である。悪に勝った正義こそ正義であって、正義だけが一人歩きするものではない。旧約聖書のヨブ記にはこのことが書かれている。卑近な例をあげるなら、幼子の無邪気は美しいものだが、それは脆弱な美である。

保護されてのみ存続するものである。神が人類に求めた愛、善、正義、真実は、試練を通らなければならなかったのである。サタンは全く悪であるから、愛、善、正義、真実というものが理解できないのである」（『誰も書けなかった悪魔の秘密組織《ユダヤ・イルミナティ》』小石泉・著／第一企画出版より）

潜在意識のなかのカルマを浄化する方法

私たちが終末の立て替え・立て直しを通じて浄化しなくてはならないカルマを大きく3種類に分けて考えます。一つは私たち個人のカルマです。そのなかには霊的につながっているご先祖様のカルマも含まれます。

次は人類全体のカルマです。それは集合的無意識のなかに蓄積されています。そして、最後が地球のカルマ。これはガイア（地球）意識のなかにあると考えてください。

私たち人類は、これから力を合わせて、この三つのカルマの清算をしていかなくてはなりません。

ここでもう一度、個人の潜在意識（個人的無意識）を小さな川に例えます。その川がいくつも流れこんで人類の集合的無意識という大きな川となっています。その川の先にある湾がガイア意識、そして宇宙意識という大海へとつながっています。

私たちの川がいろいろなゴミや汚染物質で埋まっていて、流れが悪いと、水は腐敗してしまいます。そして腐敗した水がいくつもいくつも大きな川に流れこんでいるのです。それでも、これまでは大きな川がその水を浄化し、きれいな流れにしてくれていました。ですから、腐敗した水が湾に流れ込むことはなかったのです。

ところがいま、いつの間にかその湾が悪臭が漂う状態になっています。そろそろ大掃除をしないと、湾そのものが汚染物質で埋まり、また湾から海に汚染物質が流れ込んでいくかもしれません。そこで、これからこの地球という湾と、そこに汚染された水を運んでくる人類意識という川、その川につながる一人ひとりの小川も含めて、一気に浄化しようというのが、今回の終末の意味なのです。浄化の方法は集中的な大豪雨ということになるでしょう。

流れの悪い川は氾濫します。壊れてしまいます。「それでは可哀想なから」と日月神示の神様はおっしゃってくださっています。「だから、自分で川の流れをよくしておけ」と。私たちの潜在意識のなかに蓄積されているカルマの清算は、もう待ったなしなのです。では、どうやってそのカルマの清算をすればいいのでしょうか。宗教団体に入って、お経を読んだり、祈りを捧げたらカルマは消えていくのでしょうか。あるいは出家してお寺にこもり、ひたすら座禅を組めばよいのでしょうか。

そういうことに関しては、私は何もコメントするものを持ち合わせていません。そこで、私自身が信じ、実践していること、フツーの人でも十分できることを二つだけご紹介します。これが、この章のタイトルにもなっている「奥義」なのです。あまりにも簡単すぎて、拍子抜けをされるかもしれませんが、「オオギなお世話」とはおっしゃらないでください。真面目な話なのです。

カルマを解消するための黄金のルール

(1) あなたのこれまでの人生に、お礼を言いましょう。

私たちがどのようなカルマを背負っているかを知る方法はいくつかあります。例えばあなたの口癖となっている言葉を周りの人に聞いてみてください。いつも「ラッキー!」「幸せっ!」という言葉を使っているでしょうか、それとも「あ〜あ」とため息をつくことが多いでしょうか。

前者はいつも今に感謝し、「私はついてる」というプラスの気持ちを波動大魔王に命令していますので、それはたぶん、潜在意識のなかでプラスの働きをしてくれています。しかし、実はここに落とし穴があるのです。自分や自分の身近な人たちの幸せだけを願ったり、その実現を喜ぶ気持ちは、波動としてはそれほど高くないのです。まして、他人と競争して手に入れた幸運を喜ぶ気持ちは、もう卒業しないといけない時期に来ています。

「個は全体のために」と言いました。「個は個のために」でとどまっている人は、残念ながらまだ清算しなくてはいけないカルマを持っていると思ったほうがよいでしょう。

実践していただきたいことは、まずあなたのこれまでの人生を振り返って、出会った人、起こった出来事の評価をし直し、全てを感謝の対象とみてお礼を言うことです。小・中学生時代にあなたをいじめた人は、いじめるという役割を演じて、あなたにカルマの内容を教えてくれた恩人なのです。だから、いじめてくれたことに感謝し、お礼を言わなければならないのです。少なくとも、せっかくの恩人を恨んでいるようでは、あなたのカルマは消えないのです。

また、思い出したくないイヤな出来事、例えば希望校の入学試験に落ちたとか、恋人が他の異性を好きになって自分を振ったとか、そういう苦い思い出を記憶のテーブルに載せて、そのことに対しても一つひとつお礼を言うのです。そのことによってあなたのカルマが発散されたことになるからです。もっと大きなカルマに育ってしまうところを、途中でガス抜き(カルマ抜き)をしてくれる出来事だったのです。日月神示にも、「人に悪口を言われるということはメグリ(カルマ)をとってもらうことだ」と述べられています。過去の不幸な出来事は、私たちのカルマが発散されたのであって、それは感謝すべきことなのです。

カルマの法則が理解できていれば、私がここで申しあげている意味はご理解いただけるはずです。決して、聖人君子への道を説いているわけではないのです。

(2) あなたの「今」に感謝する言葉を毎日発信しましょう。

できたら鏡を見て、そして声を出して感謝の言葉を述べてください。以下に、その一例をご紹介しますので、感謝するとはどういうことかをつかみ取っていただきたいと思います。たぶん、大半の方には「釈迦に説法」かもしれませんが……。

・今日もこうしてあなた（鏡）に向かって感謝の言葉が述べられることを幸せに思います。ありがとうございます。
・今日もいつものように目を覚ますことができて幸せです。ありがとうございます。
・今日もちゃんとおいしい朝の食事がいただけて幸せです。ありがとうございます。
・今日も家族に元気な挨拶をすることができて幸せです。ありがとうございます。
・今日も出勤できる素晴らしい職場があって幸せです。ありがとうございます。……。
・今日も一日元気に過ごすことができて幸せでした。ありがとうございます。（就寝前）

こうして感謝の言葉と気持ちを波動大魔王に命令しておけば、私たちの潜在意識のなかのカルマが、共鳴の法則によって徐々に浄化されていくということです。新しいカルマの原因をつくらない努力はもちろん必要ですが、さらに効果的なのは、プラスとなる波動を大いに発信することです。発信するにあたっては、この章で述べてきた「波動大魔王を思い通りに働かせる方法」をぜひとも参考にしていただきたいと思います。

エピローグ

予言にも六つの要素（5W1H）が必要とされます。例えば「これから人類はカタストロフィーを迎えるだろう」と予言されても、それが「いつ」「どこで」「どんな形で」起こるのかということと同時に、「なぜ起こるのか」「どうすれば助かるのか」「誰が起こすのか」などがわからないと、ただ恐怖心をあおるだけに終わってしまいます。

かつてブームになったノストラダムスの予言や聖母預言などには、「なぜ（それが起こるのか）」と「どうすれば（助かるのか）」の部分が全く述べられていませんでした。エドガー・ケイシーにしても、「日本は（一九九八年に）沈没するだろう」といった予言にどんな意味を感じていたのでしょうか。幸いこの予言ははずれはしましたが……。

その点、聖書や我が国の日月神示、大本神諭などには、起こる内容と合わせて「人類がどう対応すればよいのか」が事細かに述べられています。宇宙の大法則のなかで必ず遭遇する地球と人類の次元アップ（アセンション）を間近にして、この章ではそれらの予言のエキス部分を咀嚼《そしゃく》して紹介したつもりです。

二〇一二年という年は間違いなくやってきます。これからさらに多発すると思われる終末現象も、人類にとっては決して心地よいものではないでしょう。そして、その仕上げは「暗黒の三日間」です。それは備えのない人には恐怖そのものと映るかもしれません。私たちは決して高をくくることなく、今からしっかりと心の備えを始めていきたいと思います。光輝く新しい地球で、新人類として希望あふれる生活をスタートさせるために……。

参考文献

『新約聖書』（日本聖書協会）
『改訂版ひふみ神示』（上巻）岡本天明 筆（コスモ・テン・パブリケーション）
『太神の布告』岡本天明 著／橋爪一衛 監修（コスモ・テン・パブリケーション）
『日月神示神一厘のシナリオ』中矢伸一 著（徳間書店）ほか同氏の著書多数。
『大本神諭／天の巻』出口ナオ（平凡社）
『伊都能売神諭』出口王仁三郎 著（八幡書店）
『フォトン・ベルトの謎』渡邊延朗 著（三五館）
『フォトン・ベルトの真相』エハン・デラヴィ 著（三五館）
『ＲＥＳＥＴ―リセット―』渡邊延朗 著（ガイア出版）
『国際テロを操る闇の権力者たち』中丸薫 著（文芸社）
『世界はなぜ、破滅に向かうのか』中丸薫 著（文芸社）ほか同氏の著書多数。
『９・11 アメリカは巨大な嘘をついた』ジョン・コールマン博士（成甲書房）
『迫る破局 生き延びる道』ジョン・コールマン博士（成甲書房）
『３００人委員会』ジョン・コールマン博士（ＫＫベストセラーズ）ほか、同博士の著書多数。

『超陰謀（粉砕篇）』デーヴィッド・アイク 著／石神龍 訳（徳間書店）
『大いなる秘密（上・下）』デーヴィッド・アイク 著／太田龍 訳（三交社）
『ケネディ暗殺とＵＦＯ』コンノ・ケンイチ 著（たま出版）
『見えざる世界政府 ロックフェラー帝国の陰謀』ゲイリー・アレン 著（自由国民社）
『日本が狙われている』三橋一夫 著（日本文芸社）
『異星文明と秘密結社の謎』太田東孝 著（日本文芸社）
『フリーメーソン世界帝国への野望』鬼塚五十一 著（廣済堂）
『ＵＦＯと悪魔の世界政府６６６』コンノ・ケンイチ 著（学研）
『スウェーデンボルグの死後世界』ブルース・ヘンダーソン著（たま出版）
『水瓶座時代の海へ』彩明日迦（たま出版）
『ヨハネ黙示 超解読』遠藤昭則 著（中央アート出版社）
『ヒマラヤ聖者の生活研究―第1巻』ベアード・Ｔ・スポールディング 著（霞ヶ関書房）
『驚異の波動健康法』ジュリエット・ブルック・バラード 著（中央アート出版社）
『シルバーバーチ霊言集』Ａ・Ｗ・オースティン 編（潮文社）
『サタンを越えて』桑原啓善 著（でくのぼう出版）
『地球よ愛の星に変われ』桑原啓善 著（でくのぼう出版）
『古代マヤ文明が日本を進化させた！』高橋徹 著（徳間書店）

『宇宙からの帰還』立花隆 著（中央公論社）
『宇宙からの警告』ケルビン・ロウ 著（たま出版）
『UFOの内幕』フランク・スカリー 著（たま出版）
『宇宙からの使者』藤原忍 著（たま出版）
『UFOと陰の政府』コンノ・ケンイチ 著（たま出版）
『月の先住者』ドン・ウイルソン 著（たま出版）
『あなたの学んだ太陽系情報は間違っている』（旧題『新第3の選択』）水島保男 著（たま出版）
『第四の選択』ジム・キース 著（徳間書店）
『NASAアポロ計画の巨大真相』コンノ・ケンイチ 著（徳間書店）
『コナン・ドイル 人類へのスーパーメッセージ』アイヴァン・クック 編（講談社）
『脱牛肉文明への挑戦』ジェミリー・リフキン 著（ダイヤモンド社）
『肉食が地球を滅ぼす』中村三郎 著（ふたばらいふ新書）
『人類文明の秘宝『日本』』馬野周二 著（徳間書店）
『対日宣戦教書！』馬野周二 著（徳間書店）
『ユダヤ世界帝国の日本侵攻戦略』太田竜 著（日本文芸社）
『いま、日本が危ない!!』太田竜 著（日経企画出版局）ほか同氏の著書多数。
『ユダヤは日本に何をしたか』渡部悌治 著（成甲書房）

『ユダヤ幻想の歴史』彩明日迦 著（たま出版）
『地球がなくなる100の理由』餌取章男 監修（角川春樹事務所）
『滅びの大予言』西丸震哉 著（三五館）
『人類の未来』五井昌久 著（白光真宏会出版局）
『人類は生き残れるか』浜本末造 著（霞ヶ関書房）
『ユングは知っていた』コンノ・ケンイチ 著（徳間書店）
『魂との対話』ゲーリー・ズーカフ 著（サンマーク出版）
『こうして未来は形成される』喰代栄一 著（サンマーク出版）
『魂の記憶』喰代栄一 著（日本教文社）
『神の理性』ジナ・サーミナラ 著（たま出版）
『ホログラフィック・ユニヴァース』マイケル・タルボット 著（春秋社）
『プレアデスの智恵』薗田綾 著（総合法令）
『人類が星の記憶を取り戻す時』風祭音弥 著（三心堂出版社）
『水は答えを知っている』江本勝 著（サンマーク出版）
『波動の法則』足立育朗 著（PHP研究所）
『宇宙波動と超意識』砂生記宜・藤原肇 著（東明社）
『念波の時代』立花之則 著（総合法令）

『脳と波動の法則』濱野恵一 著（ＰＨＰ）
『インナー・ブレイン あなたの脳の精神世界』濱野恵一 著（同文書院）
『生命の暗号②』村上和雄 著（サンマーク出版）
『あなたの細胞の神秘な力』ロバート・Ｂ・ストーン 著（祥伝社）
『空間からの物質化』ジョン・デビッドソン 著（たま出版）
『量子力学が語る世界像』和田純夫 著（講談社）
『死後の世界を突きとめた量子力学』コンノ・ケンイチ 著（徳間書店）
『般若心経は知っていた 先端科学の死角』コンノ・ケンイチ 著（徳間書店）
『潜在意識の大活用』水口清一 著（日新報道）
『人はみんな魔法使い』水口清一 著（日新報道）
『出口王仁三郎の神の活哲学』十和田龍 著（お茶の水書房）
『ホワイトホール・イン・タイム』ピーター・ラッセル 著（地湧社）
『インディアンの大予言』サン・ベア＆ワブン・ウインド 編（扶桑社）
『エドガー・ケイシー１９９８最終シナリオ』カーク・ネルソン 著（たま出版）
『われら神人類』山川天声 著（市民出版社）
『ホピ 宇宙からの予言』ルドルフ・カイザー 著（徳間書店）
『神々のルーツ』ジョージ・Ｈ・ウイリアムソン 著（ごま書房）

『神々の指紋（上・下）』グラハム・ハンコック 著（翔泳社）
『オーパーツの謎』南山宏 著（二見書房）
『霊的人類史は夜明けを迎える』近藤千雄 著（ハート出版）
『宇宙船からの黙示録』渡辺大起 著（徳間書店）
『宇宙船天空に満つる日』渡辺大起・山本耕一 著（徳間書店）
『世紀末 神のシナリオ』関口榮 著（現代書林）
『日本よ、霊的先進国たれ』関口榮 著（現代書林）
『２０１Ｘ年 終末大予言の秘密』高橋徹 著（日本文芸社）
『弥勒降臨』彩明日迦 著（ＫＫロングセラーズ）
『ヤハウエの巨大潮流預言』紫藤甲子男 著（徳間書店）
『２０００年5月全世界は壊滅する!!』紫藤甲子男 著（たま出版）
『ノストラダムスの大予言』五島勉 著（祥伝社）ほか同氏の著書多数
『ミシェル・ド・ノストラダムスの未来記』モーゼス・ベン・ヨハイ 著（工学社）
『予言のすべて』山内雅夫・高橋徹・天童竺丸ほか 著（日本文芸社）
『「予言」のゆくえ』サンマーク出版編集部 編（サンマーク出版）
『アガスティアの葉』青山圭秀 著（三五館）
『アガスティアの葉の秘密』パンタ笛吹・真弓香 著（たま出版）

『火水伝文と〇九十の理』白山大地 著（四海書房）
『光の十二日間』ゲリー・ボーネル 著（VOICE）
『ワンダーゾーン』よみうりテレビ・ワンダーゾーン 編（青春出版社）
『甦るファチマ大預言』鬼塚五十一 著（フットワーク出版社）
『ファチマ大予言』鬼塚五十一 著（サンデー社）
『ファティマ・第三の秘密』五島勉 著（祥伝社）
『海軍特別攻撃隊の遺書』真継不二夫 編（KKベストセラーズ）

〈著者紹介〉

なわ・ふみひと

1946年生まれ。流通小売業で働く。1976年、長男が生後6カ月で病死したことをきっかけに、仏教書や精神世界の本に関心を持つようになり、聖書やエドガー・ケイシー、ノストラダムス、日月神示などの予言の解説書を読破する。世紀末が大きな混乱もなく過ぎたことで予言ブームも下火になったが、ここにきて世の中の終末現象が顕著に現れるなかで、2012年が聖書等で予言された「地球と人類の次元アップの年」という確信を持つに至った。本書においても、「危機をあおり、警鐘を鳴らすだけの予言は必要ない」という考えから、終末における人の生き方についての処方箋を提案している。

＊著者ホームページは「2012年の黙示録」でサイト検索してください。

2012年の黙示録《もくしろく》

2004年3月10日　初版第1刷発行
2011年5月20日　初版第9刷発行

著　者　なわ・ふみひと
発行者　韮澤 潤一郎
発行所　株式会社 たま出版
〒160-0004　東京都新宿区四谷4-28-20
☎03-5369-3051（代表）
http://tamabook.com
振替　00130-5-94804
印刷所　東洋経済印刷株式会社

ISBN978-4-8127-0094-5 C0011